Grundriß des gesamten deutschen Rechtes in Einzelausgaben

von

Dr. iur. Paul Posener,

Rechtsanwalt am Kammergericht.

8. Band.

Römischer und altdeutscher Zivilprozeß. Deutsches Gerichtsverfassungsrecht.

Dritte und vierte Auflage.

Berlin 1912.

J. Guttentag, Verlagsbuchhandlung, G. m. b. H.

Preis 1 Mark 20 Pfennig.

Grundriß
des
gesamten deutschen Rechtes
in Einzelausgaben
von
Dr. iur. Paul Posener,
Rechtsanwalt am Kammergericht.

8. Band.

Römischer und altdeutscher Zivilprozeß.
Deutsches Gerichtsverfassungsrecht.

Dritte und vierte Auflage.

Berlin 1912.
J. Guttentag, Verlagsbuchhandlung,
G. m. b. H.

A. W. Hayn's Erben (Curt Gerber), Potsdam.

Inhaltsverzeichnis.

Erste Abteilung.

Das geschichtliche Zivilprozeßrecht.

1. Abschnitt.

Der römische Zivilprozeß.

1. Kapitel.

Der römische Zivilprozeß im allgemeinen.

2. Kapitel.

Der ordo iudiciorum privatorum.

I. Die Legisaktionen.

II. Der Formularprozeß.

III. Der eigentliche Streitbeginn.

Abkürzungen.

A = Anfechtungsgesetz.
Abs = Absatz.
ALR = allgemeines Landrecht (Preußen).
Ausf- = Ausführungsgesetz zu . . . .
B = Bürgerliches Gesetzbuch.
Bn = Binnenschiffahrtsgesetz.
Band = Band des Grundrisses.
C = Strafprozeßordnung.
CCC = Carolina.
Cod = Codex.
D = Digesten.
E = Eisenbahnverkehrsordnung.
Einf- = Einführungsgesetz zu . . . . .
F = Reichsgesetz über freiwillige Gerichtsbarkeit.
Fl = Flößereigesetz.
G = Gerichtsverfassungsgesetz.
Gb = Ges. betr. die Gesellschaften mit beschränkter Haftung
Gn = Genossenschaftsgesetz.
Gr = Grundbuchordnung.
GS = Gesetzsammlung.
Gw = Gewerbeordnung.
H = Handelsgesetzbuch.
J = Institutionen.
JPO = instrumentum Pacis Osnabrugensis.
JRA = Jüngster Reichsabschied.
K = Konkursordnung.
KG = Entsch. des Kammergerichtes.
MC = Militärstrafgerichtsordnung.
MS = Militärstrafgesetzbuch.
Nr. = Nummer.
OVG = Entscheidungen des preußischen Oberverwaltungsgerichtes.
P = Patentgesetz.
Po = Postgesetz.
pr = preußisch.
R = Reichsverfassung.
RG = Entscheidungen des Reichsgerichtes.
RGBl = Reichsgesetzblatt.
RMG = Entscheidungen des Reichsmilitärgerichtes.

ROLG = Rechtsprechung der Oberlandesgerichte.
S = Strafgesetzbuch.
SC = senatus consultum.
sc. = saeculum.
Ssp = Sachsenspiegel.
Swsp = Schwabenspiegel.
U = Urheberrechtsgesetz.
Uk = Kunstschutzgesetz.
V = Verfassung.
Vl = Verlagsgesetz.
Vo = Reichsversicherungsordnung.
Vv = Versicherungsvertragsgesetz.
vgl. = vergleiche.
W = Wechselordnung.
w. o. = weiter oben.
w. u. = weiter unten.
Z = Zivilprozeßordnung.
Zg = Zwangsversteigerungsgesetz.

Anfragen, Berichtigungen, Kritiken, Vorschläge für Verbesserungen werden an die Adresse der Verlagsbuchhandlung oder an den Verfasser (Rechtsanwalt am Kammergerichte Dr. iur. Paul Posener in Charlottenburg 2, Bleibtreustraße 18) erbeten.

Erste Abteilung.

Das geschichtliche Zivilprozeßrecht.

1. Kapitel.

Der römische Zivilprozeß.

Literatur: v. Bethmann-Hollweg: der römische Zivilprozess, 3 Bde., Bonn 1864—1866. **Keller,** Friedrich Ludwig von: der römische Zivilprozess und die Aktionen in summarischer Darstellung zum Gebrauche bei Vorlesungen; 6. Auflage, bearbeitet von Adolf Wach, Leipzig 1883. — **Wlassak,** Moriz: Edikt und Klageform, eine romanistische Studie, Jena 1882; — die Litiskontestation im Formularprozesse, Leipzig 1889; — römische Prozessgesetze, ein Beitrag zur Geschichte des Formularverfahrens, 2 Bde., Leipzig 1888 und 1891. — **Schlossmann,** litis contestatio, Leipzig 1905.

Der klassische Prozess ist erst seit der Entdeckung der Institutionen des **Gajus** (namentlich Buch IV) genauer bekanntgeworden; siehe Band **18** 14.

§ 1. **Die Entwickelungsstufen** des römischen Zivilprozesses lassen sich danach abgrenzen, daß das Verfahren einheitlich (vor ein und derselben Amtsperson) oder geteilt (vor einem Beamten und sodann vor einem Geschworenen) stattfand.

I. **Der Königsprozeß** ist ein ungeteiltes Verfahren vor dem Könige oder dem Magistrate gewesen.

Dionysius von Halikarnassus behauptet, dass schon Romulus die Teilung des Verfahrens eingeführt habe.

II. Der geteilte Prozeß, **ordo iudiciorum privatorum,** ist das geteilte Streitverfahren des klassischen Rechtes.

A. Das Verfahren besteht, wie Wlassak entdeckt hat, aus zwei Abschnitten:

1. **Verfahren in iure,** vor dem Prozeßmagistrate, der feststellen soll, ob ein Anspruch auf ein iudicium bestehe; ist dies der Fall, dann ordnet der Magistrat an, daß vom Geschworenen über die Sache selbst geurteilt werde;

2. **Verfahren in iudicio,** vor dem Geschworenen (Laienrichter: ein einzelner oder ein Kollegium), um festzustellen, was geurteilt werden solle, ob also der an sich (in iure) zugelassene Anspruch sachlich begründet ist.

Der Magistrat hat freie Hand, trotz Vorhandenseins einer actio oder auch, falls eine actio nicht besteht, ein iudicium zu gewähren oder zu versagen:

1. **ius cum actione**: ein zivilrechtlicher Anspruch wird durch eine Klage geschützt;

2. **ius sine actione**: trotz des bestehenden zivilrechtlichen Anspruches wird die Klage versagt;

3. **actio sine iure**: trotz des Fehlens des zivilrechtlichen Anspruches wird eine Klage (honorarisch) gewährt.

B. Der ordo iudiciorum privatorum zeigt sich als Legisaktionenprozeß und als Formularprozeß; der erstere ist älter, beide haben dann eine Zeit hindurch nebeneinander bestanden, endlich hat der Formularprozeß das ältere Verfahren verdrängt.

1. **Legisaktionenprozeß** ist das geteilte Verfahren mit Spruchformeln (carmina oder verba concepta et sollemnia, die von der Partei ausgesprochen werden);

2. **Formularprozeß** ist das geteilte Verfahren mit Schriftformeln, die vom Magistrate aufgestellt und der Partei gegeben werden.

III. Der reine Beamtenprozeß, **Kognitionenverfahren,** extraordinaria cognitio, ist ein ungeteiltes Verfahren vor einem Beamtenrichter, der den Rechtsstreit vom Anfang bis zur Entscheidung erledigt.

IV. Der **Libellprozeß** ist das ordentliche ungeteilte Verfahren vor dem Beamten des Kaisers; das Verfahren wird durch eine schriftliche Klage eingeleitet.

§ 2. Römische Prozeßgesetze. Der alte Prozeß, insbesondere auch das Verfahren mit actiones, beruht auf Gewohnheitsrecht.

I. Die **Zwölftafeln** (vgl. Band 18 9) regeln auch die Grundlagen des Prozesses; sie fangen mit den Vorschriften über die Ladung (w. u. S. 10) an.

II. Die **lex Aebutia**, um 150 v. Chr., führt den Formularprozeß, der bisher nur für Peregrinen bestand, als ordentliches Verfahren für römische Bürger ein.

Über den Inhalt der lex Aebutia besteht Streit.

a) **Wlassak, Sohm**: die lex Aebutia sei nicht ein Verfassungsgesetz, begründe weder den honorarischen Prozess noch das prätorische Privatrecht, beseitige weder Aktionen, noch führe sie neue ein, schaffe auch nicht den Legisaktionenprozess: sie sei vielmehr eine vor der Zeit Ciceros entstandene Privatprozessordnung, die den aus dem römischen Fremdenrechte stammenden Schriftformelprozess nunmehr auch für römische Bürger, fakultativ für alle zivilen und prätorischen Aktionen, als gesetzlichen Prozess eingeführt, möglicherweise auch das Zentumviralgericht begründet habe.

b) **Puchta, Ihering, Puntschart**: die lex Aebutia sei ein Verfassungsgesetz, das dem Prätor das ius edicendi verliehen habe; die alten zivilrechtlichen Aktionen seien ihrer tatsächlichen Wirksamkeit beraubt worden; der Formularprozess des ius honorarium sei durch sie eingeführt worden.

III. **Lex Julia iudiciorum privatorum,** wahrscheinlich von Augustus, führt den Formularprozeß als ausschließlichen Prozeß ein. — Das Legisaktionenverfahren wird beseitigt, abgesehen vom Sakramentenprozesse vor dem Zentumviralgerichte, von der freiwilligen Gerichtsbarkeit (in iure cessio) und cautio damni infecti.

Eine andere lex Julia iudiciorum privatorum unter Augustus soll sich auf den Prozess in den municipia (Band 18 7) beziehen.

IV. Durch eine Anordnung von **Diokletian** (w. u. S. 5) ist das geteilte Verfahren vollständig beseitigt worden. Der Beamtenprozeß ist nunmehr Normalprozeß.

§ 3. **Das Richteramt** wurde im geteilten Prozesse von Beamten und von Geschworenen ausgeübt. Der Richter erfreute sich persönlich eines erhöhten Rechtsschutzes.

Die Verletzung des obersten Richters ist ein crimen laesae maiestatis; hieraus hat sich das Delikt Majestätsbeleidigung entwickelt.

Das imperium mixtum cum iurisdictione ist eine die Zivilgerichtsbarkeit mitumfassende Gewalt; sie äußert sich als:

1. **iurisdictio contentiosa,** streitige Gerichtsbarkeit in bürgerlichen Prozeßsachen, enthaltend:

a) **do** actionem et iudicem: **ich,** der Magistrat, prüfe die Zulässigkeit der Klage und gebe ein iudicium;

b) **dico** ius: **ich,** der Magistrat, sorge für die Anwendung des geltenden Rechtes;

c) **addico** rem sive libertatem: **ich,** der Magistrat, führe die Vollstreckung durch.

2. **iurisdictio voluntaria,** freiwillige Gerichtsbarkeit in den Formen des Verfahrens in iure (ohne ein iudicium), z. B. cessio in iure; Eigentum wird hierbei erworben durch fiktive rei vindicatio, eine Servitut wird durch fiktive actio confessoria erlangt.

Die iurisdictio voluntaria verbleibt nach der Einführung der Prätur den Konsuln.

3. **Dekretaler Schutz** in besonderen Fällen, z. B. restitutio in integrum, missio in bona; siehe w. u.

§ 4. **Magistrat** heißt der Beamte, der als Träger der Gerichtsbarkeit (mit imperium) die juristische Prüfung des Tatbestandes vornimmt, um festzustellen, ob Rechtsschutz zu gewähren ist.

In Frankreich heissen die richterlichen Beamten noch gegenwärtig magistrats.

I. Prozeßmagistrate **in Rom** sind ursprünglich Könige, Konsuln, Diktatoren. — Seit der lex Licinia, 367 v. Chr., sind ein Prätor (als minor collega consulum) und kurulische Ädilen eingesetzt worden; siehe Band 18 6. — Seit 241 v. Chr. (und bis 212 nach Chr.: lex Antonini) fungiert daneben ein Peregrinenprätor; demnach unterscheidet man:

1. praetor urbanus: qui inter cives ius dicit;
2. praetor peregrinus: qui inter cives et peregrinos ius dicit.

II. Prozeßmagistrate **außerhalb Roms** sind:

1. in den Provinzen: der Statthalter (praeses provinciae, Provinzialprätor mit imperium, Promagistrat), der die iurisdictio contentiosa gewöhnlich dem legatus proconsulis überträgt (iurisdictio mandata); den kurulischen Ädilen entsprechen Provinzialquästoren;

2. in den Stadtgemeinden sind seit der lex Rubria de Gallia cisalpina, 49 v. Chr., und der lex Julia municipalis, 45 v. Chr., für Prozesse bis 15000 Sesterzen städtische Magistrate (praefecti iuri dicundo: duoviri und quatuorviri iuri dicundo) zuständig; reicht ihre Kompetenz nicht aus, so ist der römische Prätor oder der Statthalter zuständig. Die Munizipalmagistrate haben iurisdictio, aber kein imperium.

§ 5. **Die Geschworenengerichte** sind entweder mit einzelnen Richtern oder mit Kollegien besetzt.

I. Die Einzelrichter.

1. **Unus iudex** ist der altrömische Einzelrichter im iudicium legitimum, für actiones stricti iuris. — Kompetenz: nach der lex Silia ist er für condictiones wegen certa pecunia, nach der lex Calpurnia für solche wegen einer certa res zuständig; eine lex Pinaria soll ihm Prozesse über Mobilien unter 1000 As zugewiesen haben.

2. **Arbiter** wird für iudicia bonae fidei bestellt, entweder auf Vorschlag der darüber einigen Parteien oder (bei Uneinigkeit) durch den Magistrat. — Kompetenz: actio finium regundorum, familiae herciscundae, communi dividundo, aquae pluviae arcendae, pro socio, rei uxoriae, tutelae.

3. **Recuperatores** sind die auf Grund von Staatsverträgen eingesetzten 3 oder 5 Richter, die wegen der meist auswärtigen Parteien und Zeugen summarisch urteilten (nicht mehr als 20 Zeugen, Urteil binnen 20 Tagen). Ursprünglich sind sie Peregrinenrichter (Fremdengerichte, Gastgerichte); — spätere Kompetenz auch für Römer: Statusklagen, actio iniuriarum (D 47, 10), Popularklage wegen Grenzverrückung.

Besetzung der Richterstellen:

1. Jeder Bürger ist zur Übernahme des munus iudicandi von 20 Jahren an verpflichtet.

a) **Unfähig** sind: Frauen, Personen unter 18 Jahren, Infame, Wahnsinnige, Taube, Stumme, Nichtrömer, ausserhalb Italiens Wohnende;

b) **untauglich**: wer in eigener Sache urteilen würde (inhabilis) oder befangen (suspectus) ist;

c) **Exkusationsgründe**: Krankheit, Abwesenheit in öffentlichen Angelegenheiten, grosse Zahl von Kindern.

2. Die Bestellung des Richters im Einzelfalle erfolgt durch den Magistrat (iudicem dare) auf Vorschlag des Klägers (iudicem ferre); der Beklagte hat ein Ablehnungsrecht (iniquum iurare).

3. Ursprünglich werden die Richter dem ordo senatorius entnommen; später werden sie dem Ritterstande (ordo equester, seit der lex Sempronia, 122 v. Chr.), dann wieder dem Senatorenstande (seit der lex Cornelia iudiciaria, 81 v. Chr.) entnommen.

4. Richterlisten werden eingeführt durch:

a) lex Aurelia, 70 v. Chr.; der Prätor stellt aus den drei Dekurien (Senatoren, Ritter, tribuni aerarii) ein album iudicum selectorum auf;

b) eine vierte Dekurie wird von Augustus, eine fünfte von Caligula hinzugefügt.

II. Richterkollegien sind die decemviri und die centumviri.

1. **decemviri litibus iudicandis** sind magistratus minores, die (gegen Ende der Republik) aus beiden Ständen in den Tributkomitien, und zwar zusammen mit anderen Beamten in der Zahl der vigintisexviri gewählt werden.

Kompetenz: Freiheitsprozesse; — seit der lex Julia iudiciaria sind sie Vorsitzende der Kammern des Zentumviralgerichtes.

2. **centumviri** sind ein Kollegium von anfangs 105 (je 3 aus den 35 Bodentribus gewählt), seit Augustus 180 Richtern; ihr Symbol ist die Lanze (hasta), daher iudicium hastae, hastam cogere, hastarius, hastae praeesse; — das Kollegium zerfällt in vier Kammern (consilia, tribunalia oder hastae), welche bei gleichem Tatbestande gemeinsam verhandeln (quadruplex iudicium), aber getrennt entscheiden.

Zuständigkeit: in älterer Zeit die Sakramentensachen (ausser Statussachen), später: Grundeigentums- und Erbschaftssachen, in der Kaiserzeit: Erbschaftssachen, besonders querella inofficiosi testamenti (da man den lieblosen Erblasser für geisteskrank erklärte).

§ 6. **Kaiserliche Richter** (iudices) sind Beamte, die den Prozeß selbst entscheiden.

Reste der Geschworenengerichte: iudices pedanei; sie werden durch die Einführung des Beamtenprozesses (Diokletian, 294 n. Chr.) abgeschafft. — Bezeichnungen seit Diokletian:

magistratus sind die Gemeindebeamten;
iudices pedanei sind Hilfsrichter.

I. Die Arten der kaiserlichen Richter:

1. **iudices ordinarii** (rectores provinciarum) sind zuständig:

a) in erster Instanz für Zivilprozesse der höheren Wertklasse und für die Rechtsstreitigkeiten der eximierten Personen (Stadtgemeinden und Senatoren in der Provinz);

b) in zweiter Instanz für die Entscheidung über Rechtsmittel gegen Urteile der Magistrate und Defensoren in geringfügigen Rechtsstreitigkeiten.

c) Der praefectus urbi ist ein iudex ordinarius für Rom.

Er ersetzt zum grossen Teile den praetor urbanus, der zur Zeit Justinians nur noch für freiwillige Gerichtsbarkeit, Vormundschafts-, Wiedereinsetzungssachen und Freiheitsprozesse zuständig ist.

2. **iudices sacri** sind die höchsten Richter, die an Stelle des Kaisers (vice sacra) die höchste Gerichtsbarkeit pflegen.

a) Zuständigkeit: in erster Instanz wie der Kaiser selbst; in zweiter Instanz für Appellationen gegen Urteile der iudices ordinarii.

b) Iudices sacri sind die praefecti praetorio; ihre Urteile sind inappellabel. Bekannte Präfekten: Papinian, Ulpian, Paulus. Seit 365 n. Chr. bestehen vier Präfekturen; vgl. Band 18 7.

3. **Vicarii** sind die Vertreter der praefecti praetorio; ihre Urteile sind ursprünglich überhaupt appellabel; seit Justinian entscheiden sie in Sachen bis 10 Pfund Gold endgültig.

II. Richter in den Munizipalstädten sind die magistratus; für geringfügige Sachen werden seit dem 4. Jahrhunderte defensores bestellt.

III. Der Kaiser ist für die Entscheidung aller Rechtsstreitigkeiten zuständig; — Justinian gestattet nur den personae miserabiles (Witwen, Waisen), in erster Instanz vor dem Kaiser zu klagen.

Wahrnehmung der Gerichtsbarkeit kraft Auftrages:

1. iurisdictio **delegata** ist die vom Kaiser einem Kommissar oder (seit Justinian) einem Mitgliede des Richterkollegiums übertragene Gerichtsbarkeit; weitere Delegation ist zugelassen;

2. iurisdictio **mandata** ist die vom kaiserlichen Richter einem Beamten (z. B. dem iudex pedaneus) übertragene Gerichtsbarkeit; weitere Übertragung ist verboten.

IV. Sondergerichte erster Instanz haben bestanden:

1. für den Fiskus: rationales (comites rei privatae);

2. für Prozesse gegen Soldaten sind deren Vorgesetzte (comes, dux, magister militum) zuständig;

3. geistliche Gerichtsbarkeit:

a) in Religionssachen sind die Bischöfe (audientia episcopalis) zuständig;

b) in Zivilsachen ist die Kirche unter gewissen Voraussetzungen zuständig (siehe Band **14** 32).

§ 7. Ort und Zeit der richterlichen Tätigkeit.

I. **Der Ort**, an dem der Magistrat tätig wird, heißt ius; also: in iure heißt: an der Gerichtsstelle.

Ursprünglich kann überall mit dem Magistrate verhandelt werden; gewöhnlich in foro, unter freiem Himmel. Später werden Sitzungen in der kaiserlichen Halle (basilica), dann in geschlossenen Räumen (auditoria) abgehalten.

Der Magistrat sitzt auf der sella curulis; — **pro tribunali** erhöhter Sitz (streitige Gerichtsbarkeit); — Gegensatz: **de plano** von ebenem Boden (freiwillige Gerichtsbarkeit).

II. Die Gerichtstätigkeit findet nur **bei Tage** statt.

1. Für die Magistrate werden unterschieden:

a) dies **fasti** sind etwa 40 Tage, an denen die Rechtspflege gestattet ist; hierzu kommen noch etwa 190 dies comitiales, an denen nur gerichtet werden darf, wenn Komitien nicht statthaben;

b) dies **nefasti** sind Tage, an denen Jurisdiktionshandlungen verboten sind;

c) dies **intercisi** sind Tage, an denen einige Stunden erlaubt, andere verboten sind.

2. Für die Geschworenen ist eine Tätigkeit untersagt:

a) an den religiösen Festtagen;

b) während der öffentlichen Spiele (feriae) im Frühjahre und Herbste.

Rerum actus ist die von Mark Aurel eingeführte Zahl von 230 Gerichtstagen.

III. Bestimmte Tagesstunden sind ursprünglich nicht vorgeschrieben; später ist die 3. Tagesstunde Anfangszeit.

2. Kapitel.

Der ordo iudiciorum privatorum.

§ 8. **Allgemeine Unterscheidungen.** I. Das Verhältnis des Magistrates zum Geschworenen im geteilten Verfahren:

1. Im Legisaktionenverfahren ist der Prozeßmagistrat gezwungen, darauf zu achten, daß der Parteivortrag genau den Worten der lex entspreche; z. B. wer wegen des Abschneidens von Weinstöcken mit einer actio de vitibus succisis klagt, statt nach dem Texte: de arboribus succisis zu klagen, wird abgewiesen. Der Geschworene ist dagegen freier gestellt.

2. Im Formularverfahren ist der Magistrat in der Gewährung des Rechtsschutzes nicht eingeengt; er kann schützen, wen und was er will. Durch die Schriftformel schreibt er dem Geschworenen genau vor, unter welchen Voraussetzungen dieser kondemnieren oder absolvieren soll. Hier ist also der Geschworene unfrei gestellt.

II. Iudicium legitimum und iudicium imperio continens.

1. **Iudicium legitimum** ist der Privatprozeß nach Volksrecht, der in Rom zwischen römischen Bürgern unter Autorität des Prätors durch den gesetzlich vorgeschriebenen Prozeßvertrag (per concepta verba, Übergabe der Schriftformel) begründet wird; in urbe Roma vel intra primum urbis Romae miliarium inter omnes cives Romanos sub uno iudice; Verjährung: 18 Monate seit Litiskontestation; die Litiskontestation wirkt ipso iure.

2. **Iudicium quod imperio continetur** ist als Peregrinenprozeß entstanden und sodann als summarischer Prozeß nach Amtsrecht in das Zivilrecht aufgenommen worden; seine Wirkungen hören mit dem imperium des ihn anordnenden Beamten auf.

III. Das **Sponsionsverfahren** (agere per sponsionem) dient der indirekten Entscheidung einer Rechtsfrage; es wird eine Wettsumme (25 Sesterzen) für die Rechtsbehauptung versprochen und um sie geklagt.

Das Vadimonialverfahren siehe w. u. § 9.

IV. **Voraussetzungen des Verfahrens in iure**: der ganze Formalakt vollzieht sich in Anwesenheit des Prozeßmagistrates, der Parteien (beider) und des Streitgegenstandes.

1. Die **Parteien** heißen actor (Kläger, qui agit) und reus (Beklagter).

reus ist ursprünglich die Bezeichnung für jeden Teilnehmer an einer Obligation, z. B. correi stipulandi (Korrealgläubiger) und correi promittendi (Korrealschuldner); sodann ist reus der Schuldner, endlich der Beklagte im Prozesse.

Bezeichnungen der Parteien im Formulare des Formularverfahrens sind: **Aulus Agerius,** der Reiche, der klagt (Bezeichnung des Klägers); — **Numerius Negidius,** wer zahlen soll und leugnet (Bezeichnung des Beklagten).

Diese Fiktivnamen werden im Einzelfalle durch die Parteinamen ersetzt; anders im englischen Prozesse: John Doe und Richard Roe (bleiben in der Klage stehen). — Nur bei der **confarreatio** findet sich etwas Ähnliches.

2. **Vindiciae,** Streitgegenstand, sollen anfangs in natura beim Verfahren vorliegen; später symbolisch oder überhaupt nicht.

V. **Actio** im Legisaktionenverfahren ist die uralte, dem Gewohnheitsrechte entnommene Spruchformel; — seit der Einführung geschriebener Gesetze heißt sie **legis actio,** weil sie sich auf das Gesetz stützt.

Im Formularverfahren ist actio die (zivile oder prätorische) Klageformel und steht (im engeren Sinne) im Gegensatze zum interdictum.

Im Corpus iuris ist actio häufig **interpoliert** für iudicium.

1. Die **Formulierung** der actio ist im Legisaktionenverfahren genau festgestellt; wer sich nicht dem geltenden Wortlaute genau anschließt, verliert den Prozeß.

Gaius berichtet, dass jemand wegen abgehauener Weinstöcke die actio de arboribus succisis (aus den Zwölftafeln) erheben sollte, aber de vitibus succisis klagte und daher abgewiesen wurde; siehe w. o. Seite 7.

2. **Technische Ausdrücke** des römischen Prozeßverfahrens.

actionem habere Gläubiger sein; — **actione teneri** Schuldner sein; häufig wird actione weggelassen, also: **emti teneri** mit der Kaufklage belangt werden.

agere cum aliquo gegen jemand klagen; **convenire** klagen; **conveniri** verklagt werden; **conventus** verklagt; **experiri actione** einen Anspruch gerichtlich verfolgen.

petere klagen; **petitum** Klageantrag; **petitio** Klagerecht; **petitor** Kläger; insbesondere noch **petere** petitorisch (dinglich) klagen.

iudicio teneri verhaftet sein aus ...; **in iudicium venire** Gegenstand eines Prozesses werden; **iudicio obtinere** im Prozesse obsiegen; **post iudicium acceptum** nach erfolgter Litiskontestation.

3. Die erhobene **Klage** nennt gewöhnlich den Klagegrund, so im Formularverfahren die demonstratio (w. u. Seite 17). — Dagegen ist **abstrakte Klage** eine solche, deren Formel eine Berufung auf den Schuldgrund nicht enthält; erst beim Verfahren in iudicio wird darauf Bezug genommen, so bei der condictio.

4. **Einteilungen** der Klagen:

a) **actio civilis** ist eine auf Zivilrecht sich stützende Klage, z. B. die actio praescriptis verbis (als actio incerti civilis, D 2, 14, 7, 2); — **actio honoraria** ist eine auf Beamtenrecht gestützte Klage, z. B. actio quod metus causa, ferner jede actio in factum und actio utilis.

b) **actio in rem** dingliche Klage, z. B. rei vindicatio, actio negatoria; — **actio in personam** persönliche Klage, z. B. actio emti, actio mandati.

Besonderer Art ist die zu den persönlichen Klagen gehörende **actio in rem scripta**, d. h. eine persönliche Klage, welche auch gegen Dritte gerichtet (in rem skribiert) ist, z. B. **formula Octaviana**, actio noxalis.

actio rei persecutoria ist eine Klage aus Kontrakten oder aus sonst zivilrechtlich anerkannten Ansprüchen, z. B. actio emti.

c) **actio directa** ist die (im Formulare des Prätors stehende) Originalklage; — **actio utilis** ist die (von der actio directa abgeleitete) analoge Klage.

Beispiel: die **actio legis Aquiliae** ist die Klage wegen Sachbeschädigung (z. B. begangen an einem Sklaven); die **actio legis Aquiliae utilis** ist die Klage wegen Körperverletzung eines Freien.

Die Originalklage kann insbesondere durch **Aufnahme einer Fiktion** analog (utiliter) verwendet werden, z. B. durch Anwendung auf einen Peregrinen unter der Fiktion: si civis esset. — Die **actio ficticia** kommt auch ohne Originalmuster vor, z. B. die actio Publiciana (Bd. 18 ..) mit der Fiktion: si anno possedisset (bei Grundstücken: si biennio possedisset), vgl. Bd. 18 32.

Dagegen ist die **fiktive Klage** eine nur zum Schein angestellte Klage, deren Anstellung den Zweck hat, den Prozess als Mittel des Rechtserwerbes (in iure cessio, Band **18** 30) zu benutzen.

d) Bei den contractus bilaterales inaequales (Bd. 18 19) ist **actio directa** die stets gegebene Hauptklage (z. B. des Auftraggebers), — dagegen **actio contraria** die nur unter besonderer Voraussetzung (z. B. infolge gemachter Aufwendungen) vorhandene Gegenklage (z. B. des Beauftragten auf Ersatz).

e) **actio stricti iuris** ist die nach strengem Rechte sich richtende Klage aus Verbalkontrakt, Literalkontrakt und mutuum; — **actio bonae fidei** berücksichtigt dagegen id quod actum est.

condictio ist nicht identisch mit actio stricti iuris.

f) **actiones arbitrariae** heißen diejenigen Klagen, welche auf ein restituere, exhibere oder solvere gehen; — bei ihnen findet sich in der Schriftformel ein arbitratus (arbitrium, Zwischenbescheid) mit vorangehender pronuntiatio; vgl. Bd. 18 31.

g) **Privatklage** ist die auf dem Gebiete des Privatrechtes gegebene Klage; — **Strafklage** ist die eine Bestrafung bezweckende Klage (actio poenalis).

actio mixta ist eine Klage, welche sowohl den Strafzweck als auch den Entschädigungsanspruch verfolgt.

actio vindictam spirans ist eine auf persönliche Genugtuung gerichtete Klage, z. B. die querella inofficiosi testamenti.

§ 8a. Ladung (in ius vocatio) ist ein Formalakt, den der Kläger (auch grundlos) an der Person des Beklagten vornimmt; der Beklagte **muß** ihm in ius (an die Gerichtsstelle) folgen.

Zwölftafeln: I 1: si in ius vocat, ito. ni it, antestamino: igitur em capito. — 2: si calvitur (d. h. moratur et frustratur) pedemve struit (den Fuss entgegenstemmt), manum endo iacito. — 3: si morbus aevitasve (oder Alter) vitium escit, iumentum dato. si nolet, arceram (plaustrum rusticum, ländlicher Lastwagen) ne sternito (der Beklagte kann also nicht einen gepolsterten Wagen, sondern höchstens eine Strohschütte verlangen).

I. Die Ladung kann überall, nur **nicht** in der Wohnung des Beklagten erfolgen. Sie ist gegenüber jedermann zulässig. **Ausnahmen**: Ladung der magistratus maiores ist verboten, die Ladung des Vaters oder Patrones ist nur mit Erlaubnis des Prätors statthaft.

Befreiung von dem Zwange, der Ladung sofort zu folgen, geschieht durch Stellung eines vindex, der für das spätere Erscheinen des Beklagten einsteht. — **Zwölftafeln** I 4: assiduo (dem ansässigen Bürger) vindex assiduus esto; proletario iam civi quis volet vindex esto.

II. **Vadimonialverfahren**: ist nach der Ladung die Verhandlung in iure nicht am gleichen Tage abgeschlossen, so stellt der Beklagte zur Vermeidung einer neuen Ladung ein vadimonium. Es wird durch Versprechen einer stipulatio praetoria geleistet; siehe w. u.

Arten des vadimonium sind: pure (z. B. für Grundbesitzer); cum satisdatione (mit Bürgenstellung); eidlich; recuperatoribus suppositis (sofortige Einsetzung des Geschworenen zur Ausklagung der summa vadimonii bei Nichterscheinen des Beklagten im neuen Termine).

III. **Litis denuntiatio**, von Mark Aurel (codex Theodosianus) im kaiserlichen Prozesse (siehe w. u.) eingeführt; — sie ist eine außergerichtliche Anzeige des Klägers an den Beklagten und enthält das formfreie, aber bindende Versprechen des Beklagten, im Termine zu erscheinen. — **Beseitigt** bereits im 5. Jahrhunderte.

denuntiare ist häufig **interpoliert** für in ius vocare.

I. Die Legisaktionen.

§ 9. **Legis actio** ist der Prozeß mit Spruchformeln, d. h. die Parteien bedienen sich feststehender Redewendungen, um ihr Begehren in iure zu äußern.

I. Überliefert sind **fünf Arten** der Legisaktionen, nämlich:

1. **drei Verfahrensarten**: legis actio sacramento, — legis actio per iudicis arbitrive postulationem, — legis actio per condictionem;

2. **zwei Vollstreckungsarten**: legis actio per manus iniectionem, legis actio per pignoris capionem.

II. Die **Litiskontestation** (d. h. der eigentliche Prozeßbeginn, die Festlegung des Streites am Ende des Verfahrens in iure) findet durch Aussprechen der **verba concepta et sollemnia** (carmina, Spruchformeln) statt. Die Parteien sagen diese Formeln vor dem Magistrate her, nachdem sie Zeugen (als lebendes Protokoll) aufgerufen haben.

§ 10. **Der Sakramentenprozeß** beruht auf einer Verschiebung der Prozeßgrundlage: die Parteien **wetten** miteinander, wer mit seiner Rechtsbehauptung recht habe; der Prozeß entscheidet also über die Wette, d. h. mittelbar über den erhobenen Anspruch.

I. **Sacramentum** ist der von den Parteien gesetzte Einsatz (Vieh, später Geld). Jede Partei schwört, daß sie recht habe; verliert sie, dann verliert sie auch das eingezahlte sacramentum.

1. Bei Streitgegenständen von 1000 As aufwärts beträgt das sacramentum **500 As**. — Bei Streitgegenständen unter 1000 As und bei Freiheitsprozessen beträgt das sacramentum **50 As**.

2. Die Legis actio sacramento **kommt in zwei Formen vor**:

a) legis actio sacramento **in rem** (vindicatio sacramento),

b) legis actio **in personam**.

II. **Legis actio sacramento in rem** ist eine doppelseitige Klage (actio duplex), d. h. also eine Klage, bei welcher der Kläger **oder** der Beklagte verurteilt werden kann.

Dagegen steht bei einer **actio simplex** von Anfang an die Parteirolle fest, so dass eine Verurteilung des Klägers nicht möglich ist. — Im modernen Rechte kommen iudicia duplicia nicht mehr vor.

Der Sakramentenprozeß bei dinglicher Klage hat **vier Phasen:** 1. manuum consertio; — 2. Friedewirken; — 3. Einsetzung des Sakramentes; — 4. Ordnung des Besitzstandes.

1. Zunächst findet die **manuum consertio** statt:

A. **bei beweglichen Sachen:**

a) **Kläger berührt die Sache und spricht**: hunc ego hominem (**Sklaven**) ex iure Quiritium meum esse aio secundum suam causam (**seiner Rechtslage nach**); sicut dixi, ecce tibi vindictam (mit dem Stabe) imposui.

b) Beklagter tut hierauf dasselbe.

B. **bei unbeweglichen Sachen:**

a) **Kläger** (auf dem streitigen Grundstücke mit dem Magistrate, dem Gegner und den Zeugen anwesend, — oder in späterer Zeit: eine Scholle usw. an Gerichtsstelle vorlegend) sagt: fundum, qui est in agro Corneliano, ex iure Quiritium meum esse aio; inde ibi ego te ex iure manum consertum voco.

b) Beklagter entgegnet: fundum . . . aio; unde tu me ex iure manum consertum vocasti, inde ibi ego te revoco (**nun auch** meinerseits).

c) **Befehl des Magistrates**: suis utrisque superstitibus (den beiderseitigen Zeugen) istam viam dico (**weise ich** den Weg); später befiehlt der Magistrat den Parteien symbolisch: ite viam, redite viam (holet die Scholle und kommet zurück).

2. Nach der Vornahme der manuum consertio geschieht das **Friedewirken des Magistrates:** mittite ambo hominem (fundum).

Hierdurch dokumentiert der Magistrat, dass von nun an der Streit nur noch durch ihn, nicht durch einen Gewaltakt der Parteien, entschieden werden dürfe.

3. Die Parteien setzen jetzt das **Sakrament** ein:

a) Kläger fragt: postulo anne dicas, qua ex causa vindicaveris?

b) Beklagter antwortet: ius feci sicut vindictam imposui;

c) Kläger entgegnet: quando tu iniuria vindicavisti, D (L) aeris sacramento te provoco.

d) Beklagter antwortet: similiter et ego te.

e) Die Parteien stipulieren sodann das Sakrament: D (L) dare spondes? spondeo.

4. Der Magistrat ordnet endlich den **Besitzstand** für die Zeit des Prozesses.

Das geschieht, indem er derjenigen Partei den Besitz der Streitsache übergibt **(vindicias dare)**, die für Herausgabe der Sache nebst Früchten an den Sieger die beste Sicherheit (praedes litis et vindiciarum) gewährt.

III. Die Form der vindicatio sacramento wird für folgende Prozesse verwendet: als **rei vindicatio** zur Geltendmachung des Eigentumes (insbesondere vindicatio gregis bei Herausgabe eines Naturganzen); — **vindicatio servitutis** (actio confessoria); **actio negatoria**, Eigentumfreiheitsklage; — **vindicatio hereditatis** (hereditatis petitio); — **Freiheitsprozesse**, und zwar:

1. **vindicatio libertatis** zur Geltendmachung der Freiheit: die Partei wird während des Prozesses als frei behandelt (vindiciae secundum libertatem), muß aber durch einen assertor libertatis vertreten sein;

2. **vindicatio in servitutem**: jemand wird als Sklave in Anspruch genommen (Prozeß der Virginia).

Ebenso werden **Statusprozesse**, z. B. vindicatio patriae potestatis, vindicatio tutelae, in der Form des Sakramentenprozesses angestrengt.

IV. **Legis actio sacramento in personam** dient persönlichen Ansprüchen oder solchen dinglichen Ansprüchen, bei denen persönlich um das Sakrament geklagt wird.

1. Kläger behauptet: aio te mihi centum (100000 Sesterzen) dare oportere (schuldig sein).

2. Beklagter bestreitet: nego me tibi centum dare oportere.

3. Hierauf wird das Sakrament eingesetzt:

a) Kläger sagt: quando negas .... sacramento ... te provoco;

b) Beklagter erwidert: quando ais ... sacramento ... te provoco.

§ 11. Die legis actio per iudicis arbitrive postulationem ist wenig bekannt; aus Gajus sind nur die Worte des Klägers leserlich: te praetor iudicem arbitrumve postulo uti des.

Vermutlich bestand sie für Ansprüche, die im persönlichen Sakramentsprozesse (der nur auf ein certum ging) nicht geltend gemacht werden konnten, z. B. solche auf Teilung, Auseinandersetzung, auf ein incertum.

§ 12. Legis actio per condictionem: die Parteien verabreden ohne Sakrament, am 30. Tage vor dem Magistrate zur Bestellung des iudex zusammenzutreffen.

condicere bedeutet ursprünglich dasselbe wie denuntiare, also: ankündigen, ansagen.

Die condictio ist wegen der Ansprüche auf **certa pecunia** durch die lex Silia, für Ansprüche auf **certa res** durch die lex Calpurnia eingeführt.

Eine **lex Pinaria** soll die Kondiktionen bis 1000 As vor die Zuständigkeit des unus iudex gebracht haben.

§ 13. Die legis actio per manus iniectionem dient der Personalexekution.

I. Der manus iniectio ist unterworfen: 1. wer der actio confessoria (**confessus in iure**) unterliegt; — 2. wer der **actio iudicati** (nach Erlaß eines Urteils) unterliegt; — 3. wer durch ein **nexum** der Exekution sich unterworfen hat; — 4. wer als Erbe ein **Damnationslegat** nicht erfüllt hat; — 5. wer durch **gesetzliche Vorschrift** (z. B. bei der actio depensi ex lege Publilia und bei der lex Aquillia) pro iudicato oder als damnas erklärt wird.

II. **Hergang bei der manus iniectio:**

1. Der Gläubiger führt den Schuldner, falls er nicht binnen 30 Tagen seiner Verpflichtung nachkommt, vor den Magistrat und nimmt hier die manus iniectio vor.

2. Selbstverteidigung (**manum sibi depellere**) des Schuldners ist verboten; dagegen kann er durch Zahlung sich befreien. — Für den Schuldner kann ein vindex auftreten, der mit dem Gläubiger prozessiert und beim Unterliegen auf das Doppelte verurteilt wird.

Hieraus ist die **Litiskreszenz** entstanden; — lis infitiando (durch Leugnen) crescit in duplum.

Später ist dem Beklagten vereinzelt, dann seit der **lex Vallia** allgemein (ausgenommen: bei actio iudicati und actio depensi) Selbstverteidigung (ohne vindex) gestattet, aber er hat bei Unterliegen das Doppelte zu zahlen. — In der **Kaiserzeit** kann der Beklagte gegen Stellung von Sicherheit für das ev. duplum (durch satisdatio, cautio iudicatum solvi) sich verteidigen.

3. **Ductio**: nach der manus iniectio (wenn keine Zahlung erfolgt und kein vindex auftritt) hat der Gläubiger das Recht, den Schuldner als Schuldknecht (nexus, vinctus) abzuführen.

4. Tertiis nundinis (innerhalb von 60 Tagen, an drei Markttagen) wird der Schuldner öffentlich ausgestellt; findet er keinen Befreier, dann kann der Gläubiger ihn trans Tiberim **verkaufen** oder ihn **töten**.

Mehrere Gläubiger können ihn zerstücken (**partis secanto**); nach Mitteis ist dieser Ausdruck nur bildlich für: sein Vermögen geht in Konkurs; — dagegen Kohler, Sohm.

5. Durch die **lex Poetelia** wird die Fesselung und Tötung römischer Bürger beim nexum beseitigt, dagegen bleibt die Schuldknechtschaft erhalten.

§ 14. **Die legis actio per pignoris capionem** dient der Realexekution, so für öffentlich-rechtliche Ansprüche wegen Sold, Futtergeld, Steuern.

Die pignoris capio geschieht **außergerichtlich**; zahlt der Verpflichtete nicht (pignus luere), dann befriedigt sich der Gläubiger an der Sache.

II. Der Formularprozeß.

§ 15. **Formula**, Schriftformel, ist eine in alternativer Form an den Geschworenen gerichtete Weisung des Magistrates, der zufolge der Geschworene unter bestimmt angegebenen Voraussetzungen den Beklagten zu verurteilen oder freizusprechen hat.

1. Der Magistrat, der das ius edicendi hat (Band 18 10), stellt Musterschemata solcher Formeln in seinem Album auf.

2. Bezeichnung der Formel: die Parteien erscheinen (nach der privaten in ius vocatio, w. o. Seite 9) vor dem Magistrate, der Kläger zeigt dem Beklagten eine der im Album aufgestellten Formeln (erstes edere) und damit beginnt das Verfahren in iure.

§ 16. **Die Litiskontestation** setzt sich aus vier Stadien zusammen.

1. **Das erste edere**, d. h. die formfreie Bezeichnung der Formel seitens des Klägers gegenüber dem Beklagten zwecks allgemeiner Orientierung.

2. **postulare**: der Kläger bittet den Magistrat, ihm die Formel zu gewähren; der Beklagte äußert sich hierzu.

3. **dare** (oder denegare): der Magistrat entscheidet über die postulatio, indem er die gewünschte Formel gewährt oder versagt.

4. **Das zweite edere und accipere formulam.** Geht der Magistrat auf die Bitte des Klägers ein, indem er dem Kläger die Formel ausschreibt und übergibt, so überreicht nunmehr der Kläger (nach Ansicht einzelner: unter Zeugenaufruf) dem Beklagten die Formel (zweites edere); der Beklagte nimmt zum Zeichen des Abschlusses des Prozeßvertrages diese Formel an (accipere iudicium oder formulam).

Damit ist die Litiskontestation (iudicium acceptum) vollzogen.

Theorieen über die Litiskontestation:

a) **Keller**: litis contestatio sei die ursprüngliche Bezeichnung für das ganze Verfahren in iure; der Akt selbst sei unter dem Systeme der formulae als überflüssig weggefallen; die Bezeichnung sei dann für den bloss **idealen Endpunkt** des Verfahrens in iure geblieben (demnach wäre sie nicht ein Vertrag).

b) **Wlassak**: der Prätor habe die Vorverhandlung abgeschlossen, sobald er durch die Parteireden genügend unterrichtet gewesen sei. Er habe (abgesehen von ev. Denegation) die Formel entweder so bewilligt, wie der Kläger vorgeschlagen (vorläufig ediert) habe, oder aber mit den vom Beklagten erbetenen Einschaltungen und Änderungen. Hierauf haben die Parteien die Umstehenden (als Zeugen) zur Aufmerksamkeit aufgefordert, und nun sei der **Prozessvertrag** (litis contestatio) dadurch zustande gekommen, dass der Kläger dem Beklagten die Formel diktierte und dieser sie nachschrieb. Zur Verhütung von Fälschungen habe der

Prätor dem Dekrete, das er dem iudex sandte (iudicare iubet), eine Abschrift der Formel beigefügt.

c) **Schlossmann**: am Schlusse des Verfahrens in iure habe der Magistrat den Wortlaut der formula **mündlich** verkündigt. Der Prätor habe dann sofort den iudex aufgerufen, ihm die Formel in Befehlsform mitgeteilt, und nun habe unter Anwesenheit der auch schon zuvor anwesenden Zeugen der **mündliche** Formalakt des dictare und accipere iudicium stattgefunden, indem der Kläger die Formel vorgesprochen, der Beklagte sie nachgesagt habe.

§ 17. **Postulationsfähigkeit** ist die Eigenschaft der Partei, vermöge deren sie vor dem Magistrate handelnd auftreten kann.

I. Die Erbittung der formula geschieht durch den Kläger allein oder: durch den Kläger unter Beistand (advocatus) oder durch den Kläger mit Unterstützung seines patronus oder orator.

II. Die Schriftformel gewährt die Möglichkeit einer **Stellvertretung** infolge ihrer freieren Ausgestaltung; im Prozeßrechte ist daher eine **unmittelbare** Stellvertretung anerkannt (für das Privatrecht dagegen vgl. Band 18 20, 45, 46).

1. Die Stellvertretung im Prozesse kann zunächst eine bloße Vertretung vor Magistrat und Richter sein; sie besteht dann lediglich **im Interesse des Vertretenen.**

2. Die Vertretung **im Interesse des Vertreters** ist Benutzung einer vorhandenen Prozeßform für die Zwecke privatrechtlicher Erfolge; also: Ersetzung der fehlenden Zession oder Durchführung einer (privatrechtlich zulässigen) Schuldübernahme. — In diesen Fällen findet eine **translatio iudicii** statt, d. h. die intentio bezeichnet noch (unter Nennung der eigentlichen Partei) das ursprüngliche Rechtsverhältnis, dagegen nennt die condemnatio bereits den Vertreter.

Dies ist bei den **actiones adiecticiae qualitatis** (Band **18** 46) der Fall; ferner bei Vermögensübernahme, z. B. beim Erbschaftskauf, beim Universalfideikommiss (Band **18** 72), indem der Erbschaftskäufer oder der Fideikommissar als Vertreter des Erben oder des Fiduziars auftreten.

III. Als Formen der Stellvertretung im Prozesse kommen vor:

1. **Der cognitor**, welcher formell dem Gegner gegenüber bestellt wird; — die erforderlichen Prozeßkautionen hat der dominus litis zu leisten.

2. **Der procurator**, welcher formfrei bestellt wird und drei Kautionen zu leisten hat, nämlich:

a) **die cautio dominum rem ratam habiturum**, d. h. daß der dominus litis die (ihm vielleicht unbekannte) Prozeßführung des Prokurators genehmigen werde;

b) **die cautio iudicio sisti**, ein Gestellungsversprechen für weitere Termine;

c) **die cautio iudicatum solvi**, ein Erfüllungsversprechen für das künftig ergehende Urteil.

Die Quellen sind meist derart **interpoliert**, dass cognitor durch procurator ersetzt oder bei den Worten „cognitor et procurator" die Worte „cognitor et" gestrichen sind.

Man nimmt an, dass ein procurator, der in praesens des Gegners oder apud acta (durch schriftliche Vollmacht) bestellt worden ist, **wie ein cognitor** zu behandeln ist.

3. **Der defensor**, welcher ohne Auftrag die Partei vertritt.

IV. Cognitor und procurator haben lediglich Vertreterstellung, wenn sie **in rem alienam** bestellt sind. Dagegen treten sie in eigenem Interesse auf, wenn sie **in rem suam** bestellt sind.

So wird in D 3, 3, 30 und 31 der procurator als dominus litis bezeichnet.

Hat die Litiskontestation stattgefunden, dann kann der dominus dem procurator in rem suam das Mandat **nicht mehr kündigen.**

V. Die Postulationsfähigkeit **fehlt** bestimmten Kategorieen ganz oder teilweise.

1. **Postulationsunfähig** sind Personen unter 17 Jahren und Taube.
2. Postulationsfähig **nur für sich** (nicht für andere) sind Frauen (wegen der Carfania), Blinde und gewisse ignominiosi (muliebria passus, capitali crimine damnatus, ferner qui operas suas, ut cum bestiis depugnaret, locavit).
3. Postulationsfähig für sich und für gewisse andere sind:

a) die infames (siehe Band **18** 17) dürfen nur für sich und gewisse nahe Angehörige postulieren;

b) Personen, denen das Gesetz, die Senatskonsulte, Edikte und Dekrete nur für bestimmte andere das Postulieren erlauben.

§ 18. Die Gestalt der Schriftformel. Die Formel enthält die Ernennung des Geschworenen (iudicis datio), dann den klägerischen Anspruch (intentio), endlich die Alternative (si paret ... condemna, si non paret, absolve).

Formelbestandteile: eine formula wird nach Lage des Falles verschieden ausgestaltet; sie kann enthalten: intentio, condemnatio, demonstratio, adiudicatio, exceptio, praescriptio, pronuntiatio.

Grundregel für die Konstruktion der Formel:

1. nur die intentio ist vorhanden: bei Präjudizialklagen; die Feststellung erfolgt durch pronuntiatio; Beispiele: Statusklagen, Klage des Bürgen nach der lex Cicereia (praeiudicium an praedictum sit), vgl. Band **18** 55.
2. intentio und condemnatio haben die Klagen auf ein certum;
3. intentio, condemnatio und demonstratio haben die Klagen auf ein incertum;
4. intentio, condemnatio, demonstratio und adiudicatio haben die drei Teilungsklagen.

I. **Intentio** est ea pars formulae, qua actor desiderium suum concludit; sie enthält die Formulierung des klägerischen Anspruches in der Form der vom Kläger aufgestellten Behauptung.

Die intentio kann in ius oder in factum konzipiert sein.

1. Die **intentio in ius concepta** stützt sich auf einen zivilrechtlich anerkannten Tatbestand, auf einen Satz des ius civile; sie ist Rechtsbehauptung. Sie kann formuliert werden:

a) **in rem**: formula petitoria, die dingliche Klage.

Beispiel: si paret, hominem quo de agitur Auli Agerii esse. Kennzeichen: die intentio enthält (im Gegensatze zu der intentio in personam) **nur** den Namen des berechtigten Klägers, da dessen dingliches Recht gegen jedermann sich richtet; sie ist (im Gegensatze zur legis-actio sacramento in rem) rein einseitig.

b) in personam: condictio, die persönliche Klage; sie richtet sich gegen einen bestimmten Verpflichteten, dessen Name in der intentio genannt wird.

Die intentio in personam kann sich richten:

α) auf ein **certum**, einen genau bestimmten Gegenstand; dieser kann sein:

aa) **Geld**, actio certae pecuniae creditae. **Beispiel**: si paret, Numerium Negidium Aulo Agerio centum dare oportere;

bb) **eine bestimmte Sache** oder eine bestimmte Quantität von Fungibilien, condictio triticaria. **Beispiel**: si paret, Numerium Negidium Aulo Agerio tritici Africani decem modios (Scheffel) dare oportere; Unterart der triticaria ist die condictio furtiva.

β) auf ein **incertum**: hier wird durch die besonders eingefügte demonstratio dem Geschworenen ermöglicht, den Betrag (ex fide bona) zu berechnen. Die Formel einer Klage auf ein incertum fängt mit der demonstratio an (quod ...), an diese schliesst sich die intentio an: quidquid ob eam rem Numerium Negidium Aulo Agerio dare facere oportet.

2. **Die intentio in factum concepta** stützt sich auf honorarisches Recht; da der Prätor nicht Rechtssätze schafft, sondern Rechtsschutz gewährt, enthält diese intentio den Tatbestand (factum, Rechtsverhältnis), sie ist also Tatsachenbehauptung.

Beispiel: si paret Aulum Agerium apud Numerium Negidium mensam argenteam deposuisse.

II. **Condemnatio** est ea pars formulae, qua iudici condemnandi absolvendive potestas permittitur.

Beispiel: iudex N. Negidium A. Agerio sestertium decem milia condemna, si non paret absolve. Nach römischer Terminologie wird der Beklagte freigesprochen; im modernen Prozesse wird der Kläger abgewiesen.

III. **Demonstratio** est ea pars formulae, quae ideo inseritur, ut demonstretur res de qua agitur; sie bezeichnet den Klaggrund (die rechtsbegründenden Tatsachen) und kommt nur bei den Klagen auf ein incertum vor.

Beispiel: quod A. Agerius N. Negidio hominem vendidit.

IV. **Adiudicatio** est ea pars formulae, qua permittitur iudici rem alicui ex litigatoribus adiudicare. Sie kommt bei den drei Teilungsklagen (actio familiae herciscundae, communi dividundo, finium regundorum) vor: quantum adiudicari oportet, iudex Titio adiudicato.

V. **Praescriptio** ist eine Vorbemerkung (praescribere) in der Formel, die zugunsten des Klägers oder des Beklagten aufgenommen wird.

1. praescriptio **pro actore** in zwei Formen:

a) als Ersatz der demonstratio, z. B. bei der actio praescriptis verbis aus Innominatkontrakten, z. B. ea res agatur, quod A. Agerius N. Negidio centum ea lege dedit, ut Stichum manumitteret.

b) als Modifikation der demonstratio, z. B. wenn die Gefahr einer Abweisung wegen pluris petitio besteht; z. B. cuius rei dies fuit.

2. praescriptio **pro reo**, die häufig zu einer exceptio geworden ist. Beispiele:

a) praescriptio praeiudicii, um zu verhindern, dass das Urteil eine — in diesem Prozesse nicht gewollte — Entscheidung über eine streitige Frage bringe (präjudiziell sei, siehe Band 9 35); z. B. ne praeiudicium fiat hereditati;

b) praescriptio temporis (Verjährung).

III. Der eigentliche Streitbeginn.

§ 19. **Das Verhalten des Beklagten** kann bald Untätigkeit, bald Nachgiebigkeit, bald Abwehr und Gegenangriff sein.

1. Der Beklagte ist **indefensus**, wenn er den Prozeß in iure nicht aufnehmen will. Er vereitelt hierdurch zwar die Litiskontestation, weil er das accipere iudicium nicht betätigt; aber er kommt deshalb in Konkurs (missio in bona, w. u. Seite 22).

2. Der Beklagte ist **confessus**, wenn er den klägerischen Anspruch als begründet zugibt (confessio in iure). Er gilt pro iudicato; der Kläger kann gegen ihn mit einer actio confessoria vollstrecken.

3. Der Beklagte **bestreitet** den Klageanspruch; es kommt zur Litiskontestation (w. u. Seite 19).

4. Der Beklagte verteidigt sich unter Berufung auf ein **Gegenrecht**, exceptio (vgl. w. u. Seite 19).

§ 20. Die **interrogationes in iure** sind Fragen, welche der Kläger dem Beklagten mit Antwortzwang stellt; die Fälle sind im Edikte bestimmt.

Nach Keller hat die interrogatio den Zweck, die Passivlegitimation festzustellen; nach Demelius soll sie über die ev. Übernahme der defensio (z. B. für den defunctus, den servus) aufklären.

Fälle der interrogationes in iure: Klage gegen den Erben, dessen Haftung unbekannt ist; die Besitzverhältnisse des mit der rei vindicatio oder hereditatis petitio Belangten sind unbekannt; bei Noxal- und Pekulienklage.

Wirkung der interrogatio: die Antwort des Beklagten ist für die Konzeption der Formel maßgebend (formelle Wahrheit). Antwortete der Beklagte nicht oder unrichtig, so geht der Anspruch des Klägers in solidum, d. h. ohne irgendeine Haftungsbeschränkung.

§ 21. Die **exceptio** ist formell eine Ausnahme von dem (in der Schriftformel dem Geschworenen erteilten) Kondemnationsbefehle, materiell stellt sie (in der Regel) ein Gegenrecht des Beklagten dar, für welches der Beklagte beweispflichtig ist: excipiendo reus fit actor. Sie kommt nur im Formularverfahren (nicht im Legisaktionenverfahren) vor.

Als Ausnahme von dem in der formula mitgeteilten Tatbestande steht die exceptio im Konjunktiv.

I. Die exceptio ist ein **Angriff** gegen die intentio, und zwar:

1. bei der intentio **in ius** concepta richtet sich die exceptio dagegen, daß die an sich begründete Rechtsbehauptung noch jetzt zu Recht

bestehe; sie enthält also nicht solche Behauptungen, die das klägerische Recht überhaupt (oder zurzeit) nicht entstehen lassen (rechtsvernichtende oder rechtshemmende Behauptungen), sondern solche, die den zivilrechtlich entstandenen Anspruch trotz seiner gültigen Entstehung wieder tilgen; z. B. exceptio pacti: si non convenit, ne ea pecunia peteretur (aus dem pactum de non petendo);

2. bei der intentio **in factum** concepta richtet sich die exceptio gegen die Tatsachenbehauptung des Klägers, sie enthält daher alle Behauptungen, die eine Verurteilung aus dem vom Kläger behaupteten Tatbestande vereiteln, also rechtsvernichtende, rechtshemmende Tatsachen und Gegenrechte (vgl. hierzu besonders Band 9 32).

II. Arten der exceptio:

1. exceptio **in ius** concepta gründet sich auf einen Satz des Zivilrechtes;

2. exceptio **in factum** concepta gründet sich auf honorarisches Recht.

III. Die **exceptio doli** schützt den Beklagten gegen eine Arglist des Klägers.

1. Bei bonae fidei iudicia ist der Schutz gegen Arglist selbstverständlich, da der Geschworene ex fide bona zu urteilen hat; es bedarf also keiner Aufnahme der exceptio in die Formel: bonae fidei iudiciis exceptio doli inest.

2. Die exceptio doli kann speziell oder generell formuliert werden.

a) Die exceptio doli **specialis** bezieht sich auf einen bestimmten Fall in der Vergangenheit (dolus praeteritus): si in ea re nihil dolo malo factum sit.

b) Die exceptio doli **generalis** bezieht sich allgemein auf das Verhalten des Klägers, zB. auf die Erhebung einer unbegründeten Klage (dolus praesens): si in ea re nihil dolo malo factum sit neque fiat.

IV. Der Kläger wehrt sich gegen die exceptio mit einer **Replik** (replicatio); auf diese antwortet der Beklagte mit einer **Duplik** (duplicatio). Es können sodann noch triplicatio und quadruplicatio folgen.

§ 22. Litiskontestation ist derjenige Parteiakt, welcher unter Feststellung des Sach- und Streitstandes das Verfahren in iure beendet und zum Verfahren in iudicio überführt.

I. Im Legisaktionenverfahren vollzieht sich die Litiskontestation durch das Aussprechen der **verba concepta et solemnia** (carmina, Spruchformeln) in Anwesenheit von Zeugen, vgl. w. o. Seite 10. — Im Formularprozesse geschieht sie durch **Übergabe und Annahme der Schriftformel** (zweites edere und accipere iudicium); siehe w. o. Seite 14.

II. Die Litiskontestation ist **prozessualisch** von entscheidender Wirkung für das weitere Schicksal des Prozesses (w. u. § 24 unter Nr. 3).

1. Der Zeitpunkt der Litiskontestation ist für die **Schaffung der Urteilsgrundlage** ausschlaggebend.

Dagegen ist nach Z 278, 280, 283 der für die Urteilsgrundlage massgebende Zeitpunkt **die letzte mündliche Verhandlung**, auf welche das Urteil ergeht.

2. Die Litiskontestation bewirkt den Untergang des geltend gemachten Anspruches und setzt novierend an seine Stelle die **Prozeßobligation**.

Ante litem contestatam **dare** reum oportere, post litem contestatam **condemnari** oportere.

Die prozessuale Konsumtion tritt ein:

a) **ipso iure**: im Legisaktionenprozesse;

b) **ipso iure**: im Formularverfahren, wenn im **iudicium** legitimum ein persönlicher Anspruch mit einer in ius **konzipierten** intentio verfolgt wird;

c) nur durch Erhebung der **exceptio** rei in iudicium deductae: bei absoluten Klagen, bei einer intentio in **factum** concepta und bei dem iudicium imperio continens.

3. Durch die Litiskontestation wird der Anspruch eine **res in iudicium deducta**; wird er anderwärts geltend gemacht, so steht ihm eine exceptio litis pendentis entgegen.

III. **Materielle** Wirkungen der Litiskontestation sind folgende:

1. Der Zeitpunkt der Litiskontestation ist für den Umfang des Anspruches maßgebend; eine Erhöhung oder Minderung erfolgt nicht.

2. Die Haftung des Besitzers verschärft sich; der gutgläubige Besitzer wird bösgläubig; vgl. Band 18 31.

3. Unvererbliche Ansprüche werden vererblich.

4. Die Prozeßobligation kann ein anderes Subjekt haben als die ursprüngliche, z. B. beim procurator in rem suam, bei den actiones adiecticiae qualitatis; es findet eine translatio iudicii statt.

5. Die Verjährung wird unterbrochen.

6. Die Veräußerung der res litigiosa ist untersagt.

IV. Das Verfahren in iudicio.

§ 23. Der Gang der Verhandlung. I. Als Termin wird gewöhnlich der übernächste Tag (dies comperendinus) bestimmt (**comperendinatio**); — später erscheinen die Parteien an dem vom iudex bestimmten Tage.

II. Im Termine verhandeln die Parteien streitig (**causae coniectio**).

1. Gewisse Einreden können noch in iudicio vorgebracht werden; z. B. die exceptio SC. Vellaeani (Band 18 47) und SC. Macedoniani (Band 18 48).

2. Die Parteien behaupten ihre Ansprüche usw. und bezeichnen zugleich die Beweismittel (Zeugen, Urkunden, Geständnis, Eid).

III. Bei Nichterscheinen einer Partei wurde ursprünglich bis zum Nachmittage gewartet und dann secundum praesentem durch Versäumnisurteil entschieden. — Im Formularprozesse wird beim Ausbleiben des

Beklagten vor leeren Bänken (in eremodicio) entschieden: der Kläger muß beweisen, als ob alles bestritten wäre (also nicht wie im heutigen Versäumnisverfahren; ähnlich heute im Eheprozesse).

§ 24. **Das Urteil,** sententia, verwandelt die Prozeßobligation in eine Urteilsobligation; die Vollstreckung wird mit der actio iudicati verlangt.

Bei **pluris petitio** des Klägers wird der Beklagte freigesprochen. Eine pluris petitio bei der intentio certa kann vorkommen: a) **re**: wenn der Betrag zu hoch ist; — b) **loco**: wenn nicht am Erfüllungsorte geklagt wird; — c) **tempore**: wenn vor der Fälligkeit geklagt wird; — d) wenn bei einer **Wahlschuld** dem Wahlrechte des Beklagten vorgegriffen wird.

1. **Poena temere litigantium**, Prozeßstrafe, ist im Falle des Leugnens zu zahlen, falls der Verurteilte dem Judikate nicht folgen will.

2. Die **cautio iudicatum solvi** ist eine für Erfüllung des Urteils zu leistende Sicherheit.

3. Die Befriedigung **nach** der Litiskontestation hat an sich keine Wirkung auf die Prozeßobligation, da der Zeitpunkt der Litiskontestation für das Urteil maßgebend ist.

Die nachträgliche Befriedigung führt bei den **bonae fidei iudicia** stets zur Freisprechung des Beklagten; — bei actiones **stricti iuris** erfolgt nach Ansicht der Prokulianer Verurteilung; — dagegen verlangen die Sabinianer Freisprechung, denn: omnia iudicia debent esse absolutoria (d. h. aber: können zur Freisprechung führen).

V. Der dekretale Rechtsschutz.

§ 25. **Interdikte** sind Verfügungen des Prätors, die eine endgültige Entscheidung nicht enthalten (Zwischenreden des Prätors).

Einteilung der Interdikte:

a) restitutoria und exhibitoria (Herausgabe oder Vorzeigung wird angeordnet) und prohibitoria (Verbot);
b) petitorische und possessorische;
c) simplicia und duplicia;
d) publica und privata.

I. Das Verfahren beim Interdikt.

1. Der Prätor erläßt das Interdikt auf einseitige Parteibitte.

2. Bei Exhibition oder Restitution kann der Gegner um ein arbitrium bitten; es wird dann mit einer in factum konzipierten Formel geklagt.

Wird in diesem Falle nicht ein arbiter erbeten, dann: sponsio und restipulatio, ferner ein iudicium secutorium (Cascellianum), also zwei Prozesse (eine condictio für jede Stipulation) und das iudicium secutorium über das Herausgabeinteresse.

3. Beim interdictum prohibitorium duplex findet folgendes Verfahren statt:

a) fructus licitatio,
b) vis ex conventu (formaler Gewaltakt),
c) bei a und b je eine sponsio und restipulatio, so daß ein vierfaches iudicium notwendig ist.

4. interdictum secundarium ist gegen den Beklagten gegeben, der das Verfahren durch seine Weigerung (sponsio usw. zu leisten) aufhält; es führt zu sofortiger Befriedigung des Klägers.

II. Zur Zeit Justinians besteht zwischen interdictum und actio kein Unterschied mehr.

§ 26. **Missio**, die Einweisung in eine fremde Sache oder ein fremdes Vermögen, geschieht zur Sicherung oder Befriedigung des Berechtigten; — sie entspricht dem modernen Konkursverfahren.

I. Arten der missio:

1. missio rei servandae causa: bei erblosem Nachlasse, gegen den iudicatus und indefensus, bei capitis deminutio maxima;

2. missio ex primo und ex secundo decreto bei der cautio damni infecti (Band 18 32);

3. zum Schutze der Vermächtnisnehmer:

a) missio legatorum servandorum causa: der bedingt eingesetzte Legatar wird, wenn der Erbe ihm nicht Sicherheit leistet, in den Nachlaß eingewiesen;

b) missio Antoniniana: zahlt der Erbe binnen sechs Monaten das Legat nicht, so wird der Legatar in das eigene Vermögen des Erben eingewiesen.

4. missio ventris nomine zur Sicherung eines nasciturus.

5. Erbenschutzmittel:

a) bonorum possessio (edictalis), Einweisung des prätorischen Erben in den Nachlaß;

b) vorläufige Einweisung (bonorum possessio decretalis):

α) bonorum possessio secundum tabulas für den bedingt eingesetzten Testamentserben;

β) bonorum possessio contra tabulas für den Intestaterben;

γ) bonorum possessio furiosi nomine;

δ) missio ex edicto divi Hadriani für den aus einem prima facie rechtmäßigen Testamente legitimierten Testamentserben;

c) missio ex Carboniano edicto für einen Unmündigen, dessen status (und damit Erbrecht) bestritten wird.

II. Wirkung der missio:

1. bonorum possessio edictalis, missio Antoniniana und missio ex primo decreto geben Besitz.

2. Die missio ex secundo decreto gewährt Eigentum.

3. Die anderen Missionen begründen ein pignus praetorium (Detention und custodia).

III. **Konkursgründe** des römischen Rechtes sind:

1. Flucht des Schuldners, fraudationis causa latitavit,

2. Nichtbefriedigung eines Judikates, siehe w. o. Seite 13;

3. erbloses Versterben des Schuldners.

Um der Schande des **Nachlasskonkurses** zu entgehen, setzten die Römer oft ihre **Sklaven als** Erben ein; vgl. Band **18** 61.

4. Venditio bonorum; siehe im Folgenden unter IV.

Die **cessio bonorum** (freiwillige Abtretung) befreit den Verpflichteten von der Personalexekution, erspart ihm die Infamie und belässt ihm das beneficium competentiae.

IV. Das Konkursverfahren im ältesten Rechte war Einweisung der Gläubiger (missio in bona) in das Vermögen des Schuldners.

In späterer Zeit wird der Konkurs (**bonorum venditio**, bona veneunt) derart geordnet, daß das Vermögen des Schuldners demjenigen zugeschlagen wird, welcher den Gläubigern die höchsten Prozente ihrer Forderungen bietet. — Der bonorum emtor (Konkursverwalter) macht die Ansprüche des Kridars durch actiones utiles geltend.

Actio Serviana: der bonorum emtor klagt mit der Fiktion, er sei Erbe des Kridars (ficto se herede); — **actio Rutiliana**: es wird mandatum in rem suam des bonorum emtor fingiert.

Noch später wird dieses Selbsthilfeverfahren verdrängt durch den **Distraktionskonkurs** (ursprünglich nur für Senatoren, später allgemein): auf Mehrheitsbeschluß der Gläubiger wird die Masse liquidiert, und zwar durch **Kuratoren**, welche das Vermögen im einzelnen versilbern und die Gläubiger pro rata befriedigen.

Im **Mittelalter** tritt das publizistische System auf; siehe w. u. Seite 37.

V. Eine **Anfechtung außerhalb des Konkurses** kann im Wege der Klage durch einen Gläubiger erfolgen, wenn der Schuldner betrügerische Manipulationen zum Schaden der Gläubiger vornimmt.

1. Hat der Schuldner eine ihm gehörende Sache fraudulös veräussert, so kann der Gläubiger die Sache mit einer **vindicatio utilis** vom dritten Erwerber (Fiktion: die Veräusserung sei nicht erfolgt) zurückfordern; der Gläubiger hat das vormalige Eigentum des Kridars zu beweisen.

2. Zwecks Vermeidung des Eigentumsnachweises erhält der Gläubiger ein **interdictum fraudatorium** gegen den Dritten, wenn der Gläubiger beweist, dass der Schuldner die Streitsache vordem hatte und an den beklagten Dritten fraudulös veräusserte.

3. Später gewährt der Prätor allgemein dem Gläubiger eine **actio in factum**. — Sind Konkurskuratoren bestellt, so heisst die Anfechtungsklage **actio Pauliana** (Dernburg).

4. Justinian hat alle fraudatorischen Klagen zu einer actio Pauliana verbunden.

Besonderheiten bestanden noch in **Patronats**- und Adoptionsverhältnissen.

1. **Actio Calvisiana**: der Patron klagt als Intestaterbe eines Freigelassenen, um dessen ihn benachteiligende Veräusserungen anzufechten; vgl. D 37, 14, 16 pr.; 38, 5, 3, 3. — Im gleichen Falle gab es eine **actio Faviana**, wenn der libertus testiert hatte; vgl. D 38, 5, 1, 27.

2. **Actio quasi Calvisiana** des unmündigen Arrogierten gegen Verkürzungen der quarta divi Pii (Bd. **18** 64); bei Testament des pater arrogans: **actio quasi Faviana**. — Vgl. D 38, 5, 13.

§ 27. **Wiedereinsetzung in den vorigen Stand** (in integrum restitutio) ist die vom Prätor gewährte Wiederherstellung eines früheren

Zustandes wegen der (durch korrekte Anwendung des Gesetzes bewirkten) offenbaren Unbilligkeit der gegenwärtigen Rechtslage.

I. **Voraussetzungen** der Restitution sind:

1. eine **laesio**, Interessenverletzung; aber: minima non curat praetor;

2. eine **justa causa**, ein Restitutionsgrund.

Restitutionsgründe sind:

a) dolus (neben der infamierenden actio doli);

b) absentia;

c) metus, Drohung (später dafür die formula Octaviana);

d) error probabilis;

e) minor aetas (Fall der Naturalkomputation, siehe Band **18** 22);

f) capitis deminutio minima: Restitution für die Gläubiger eines Hauskindes, dessen Schulden durch den Verlust des status familias untergehen;

g) clausula generalis: andere dem Prätor angemessen erscheinende Fälle, die im Edikte noch nicht speziell proponiert sind.

II. Das Verfahren ist verschiedenartig geordnet.

1. Durch **prätorischen Befehl** kann die Wiederherstellung des früheren Zustandes erwirkt werden.

2. Der Prätor gibt in einzelnen Fällen eine **actio utilis** oder eine actio ficticia.

3. Bei Verlust einer Klage hilft der Prätor:

a) durch das **iudicium rescindens**, das die verlorene Klage wiederherstellt;

b) sodann durch die **actio restitutoria**, durch die das so wiedergewonnene Recht geltend gemacht wird (iudicium rescissorium).

Ist ein Rechtsgeschäft wegen des damals dazwischentretenden Restitutionsgrundes nicht eingegangen worden, so wird es mittelst einer **actio institutoria** neu begründet; vgl. auch Bd. **18** 47.

§ 28. **Stipulationes praetoriae** sind vom Prätor anbefohlene Stipulationen (stipulationes necessariae), die er statt des Rechtsschutzes gewährt, damit daraus geklagt werden kann, oder die zur Unterstützung eines Anspruches dienen.

Arten:

1. **iudiciales**, um den Fortgang des Prozesses zu sichern; z. B. cautio iudicatum solvi, cautio ex operis novi nuntiatione;

2. **cautionales** werden an Stelle der Aktionen proponiert (actionis instar habent), da sie eine actio nicht voraussetzen; z. B. cautio damni infecti, de legatis, ratam rem haberi, rem furiosi salvam fore;

3. **communes** (für beide Zwecke), zB. die vadimonia;

4. **pignus** in causa iudicati captum.

3. Kapitel.

Der Prozeß vor Beamtenrichtern.

§ 29. **Kognitionenverfahren** (extraordinaria cognitio) ist ein ungeteiltes Verfahren vor Beamtenrichtern; es wurde zur Zeit des Prinzipates ausnahmsweise, sodann regelmäßig angewendet.

I. **Gegenstand des Verfahrens:** Alimenten- und Fideikommißansprüche, Honoraransprüche der Lehrer, Ärzte, Feldmesser, Makler, ferner die Klagen aus dem kaiserlichen Rechte (ius novum).

II. Der Kaiser entscheidet selbst oder durch einen seiner Beamten.

1. Die Klage (**persecutio**) wird mündlich, später schriftlich erhoben. Die schriftliche Klage heißt **libellus conventionis** (Libellprozeß).

a) Statt der in ius vocatio findet denuntiatio (Mitteilung des Klägers, siehe w. o. Seite 10), später magistratische Ladung (**evocatio**) statt.

b) Die **Verhandlung** ist mündlich. Der Kläger beginnt mit dem Klagevortrage (narratio); der Beklagte entgegnet (contradictio oder responsio); eine Litiskontestation findet **nicht** statt; ihre Wirkung tritt ein: post narrationem propositam et contradictionem obiectam.

Keine Konsumtion des Klagerechtes durch die Litiskontestation; bei der Korrealobligation hat sie Justinian ausdrücklich beseitigt (Bd. **18** 47).

An Stelle der peremtorischen exceptio rei in iudicium (w. o. Seite 20) deductae ist die dilatorische **exceptio litis pendentis** gegeben, aber nur so lange, als der Prozess schwebt.

Die **Veräusserung** der res litigiosa und die Abtretung des Anspruches (cessio actionis litigiosae) ist nichtig.

c) Das **Urteil** spricht der Magistrat selbst (nicht ein Geschworener). — Massgebend für die Entscheidung ist die **Zeit** der Urteilsfällung; — siehe dagegen für den klassischen Prozess w. o. Seite 20 unter III.

2. Der Beklagte kann eine Widerklage (**reconventio**) erheben.

3. Alle Prozesse verjähren in drei Jahren.

§ 30. Rechtsmittel und Vollstreckung werden weiter ausgebildet, namentlich unter Verwendung der byzantinischen Beamtenhierarchie.

I. Die Berufung (provocatio ad populum) der alten Zeit ist nicht mehr praktisch. — Die Dienstbeschwerde an die **par maiorve potestas** ist — wie früher — gegen jedes Dekret eines Magistrats gegeben; ebenso auch das Anrufen des **tribunus plebis**, d. h. nunmehr des princeps oder Kaisers (Bd. 18 6).

1. In der Kaiserzeit kann **appellatio** an den höheren Magistrat gegen Entscheidungen des niederen eingelegt werden. Nur im Falle eines Versäumnisurteils ist sie nicht zulässig: contumax non appellat. — Justinian hat die Fälle der Appellation sehr beschränkt.

2. **Supplicatio** ist ein unmittelbar an den Kaiser gerichtetes Rechtsmittel.

II. Die alte actio iudicati, bei welcher unmittelbare Stellvertretung zugelassen war, wird beseitigt. Die **Vollstreckung** erfolgt formfrei auf Antrag (imploratio iudicis), ohne daß eine Vollstreckungsklage erforderlich ist.

2. Abschnitt.

Altdeutscher und gemeinrechtlicher Prozeß.

§ 31. Thing (Ding, warf, madal, mahal, mallus) ist die Versammlung der Völkerschaft oder Gaugenossen zur Ausübung der Gerichtsbarkeit. — Alle mündigen **Freien** sind zur Teilnahme berechtigt; Frauen sind, weil nicht waffenfähig, ausgeschlossen.

I. Das Thing **berät** über den Urteilsvorschlag des Richters (Hundertschaftsfürst, Priester, König, princeps); **durch** die **Zustimmung** des Thing erhält der Vorschlag Beschlußkraft.

1. **Thunginus**, Vorsitzender, ist ein vom Volke gewählter Richter; an seine Stelle tritt nicht lange nach der lex Salica der Graf als Richter.

2. **Rachinburgi**: das Urteil wird von sieben (nicht ständigen und nicht beamteten) Rachinburgen sitzend dem Umstand (d. i. den Umstehenden) **vorgeschlagen.** Durch die volbort (Vollwort, Zustimmung) des Umstandes wird der Vorschlag angenommen.

II. **Arten** des Thing:

1. **echtes** Thing (ungebotenes) tritt regelmäßig zu den bestimmten Zeiten (dreimal im Jahre) zusammen;

2. unechtes Thing (**gebotenes**) tritt auf besondere Ladung (alle 14 Nächte) zusammen;

3. **Nachthing** wird im Anschlusse an das echte Thing abgehalten, wenn noch Prozeßmaterial vorhanden ist.

§ 32. **Das Verfahren in ältester Zeit** ist Deliktsprozeß; der Staat greift aber nur subsidiär ein, wenn der **Friedensbruch** (Rechtsverletzung) nicht im Wege privater Reaktion gesühnt wird.

I. Der Verletzte und seine Sippe verschaffen sich durch **Fehde** (Rache) Genugtuung. — Abwendung der Fehde durch Angebot freiwilliger Genugtuung seitens des Täters und Annahme seitens des Verletzten.

1. Ist der Verletzte einverstanden, so vermittelt der Staat den **Friedensvertrag** (Urteil auf Vermögensbusse), und zwar:

a) Busse der Tötung ist das **Wergeld** (von vir, Mann; verigildium). — Busse anderer Missetaten ist die **compositio.**

b) **fredus,** Friedensgeld (im Mittelalter: Gewedde) ist ein Teil der Busse, welcher an den Staat (Gerichtsversammlung oder König) fällt als Entgelt für die Vermittelung des Friedensvertrages.

Die Friedensgelder zieht der **sacebaro** (sagebaro) ein; auch der Graf (nach der lex Salica der centenarius, Schultheiss) vollstreckt.

2. Wer die Busse nicht zahlt oder nicht angelobt, wird **friedlos** gelegt. Jeder darf ihn busslos (ohne Gefahr einer Strafe) töten. Niemand darf ihn hausen noch hofen (keine Wohnung, keine Nahrung); gerit caput lupinum, er darf wie ein Wolf erschlagen werden.

3. **Schwere Verbrechen** gegen die Götter und den Staat werden mit öffentlicher Strafe belegt. Verräter und Überläufer werden gehenkt; Feige (ignavi) werden im Sumpfe erstickt; hereslîz (Schlitzen, Verlassen des Heeres) wird mit Friedlosigkeit geahndet.

II. Der **altgermanische Rechtsgang** ist mündlich und öffentlich; es gilt Verhandlungsmaxime (Bd. 9 5).

1. Die **Ladung** erfolgt durch die Partei (mannitio) in Gegenwart von Zeugen; später kommt die **bannitio** auf (Ladung unter Königsbann durch Beamte).

a) Wer trotz Ladung nicht erscheint, wird in Busse genommen. Das Nichterscheinen gilt nur im Falle **echter Not** (sunnis) als entschuldigt; der Geladene muss aber Sunneboten senden. — **Einmaliges** Ausbleiben rechtfertigt nicht eine Ungehorsamsfolge (abgesehen von der Busse): Einmal ist keinmal.

b) Bleibt der Geladene **wiederholt** aus, so lässt die erschienene Partei das Nichterscheinen des Gegners rechtsförmlich feststellen (bei den Franken: solsadire, Sonne setzen) und die Ungehorsamsfolge aussprechen.

c) **Ungehorsamsfolge** ist nicht ein Versäumnisurteil, sondern Friedloslegung (römisch: missio in bona; im kanonischen Rechte: excommunicatio). — Im Mittelalter verhängt das Königsgericht die **Acht**; für das ganze Reichsgebiet: die **Aberacht** (Oberacht).

2. Erscheint der Beklagte, dann findet ein **Formalismus** statt: Fragen des Klägers, auf welche der Beklagte nur Ja oder Nein antwortet.

3. Das **Urteil** ergeht vor der Beweisaufnahme als bedingtes Endurteil (Beweisurteil); der Beklagte soll den Eid leisten und ferner eidlich angeloben, das Urteil zu erfüllen (Urteilsgelübde).

4. **Beweismittel** sind:

a) Der **Eid**, und zwar: der Eineid (von der Partei allein ausgeschworen) und der Eid mit Eideshelfern (die Gesippen schwören als Eideshelfer, dass der Eid der Partei rein und unmein sei). Jede Partei hat das Recht, den gegnerischen Eid zu überbieten, z. B. zu übersiebenen.

b) Das **Gottesurteil**, und zwar: einseitig (z. B. die Feuerprobe, Wasserprobe, der Kesselfang) und zweiseitig (z. B. Zweikampf, auch zwischen der Partei und dem ein ihr ungünstiges Urteil vorschlagenden Rachinburgen, — ferner die Kreuzesprobe).

5. Die **Zwangsvollstreckung** erfolgt durch die Partei: die Pfändung wird angekündigt und vor Zeugen ausgeführt.

6. Bei **handhafter Tat** (in flagranti) wird nicht prozessiert, sondern das Gerüfte (siehe auch w. u. Seite 32) erhoben und der Täter getötet.

§ 33. Die karolingische Schöffenverfassung. Karl der Große reformierte die alte Thingverfassung durch Einführung ständiger Schöffen und durch eine Scheidung des gebotenen Things von dem ungebotenen.

I. Scabini sind sieben ständige, auf Lebenszeit vom Grafen oder vom missus dominicus bestellte Schöffen; nur sie erscheinen im gebotenen Thing; sie sind dort Urteiler. Für die Gemeindemitglieder besteht keine Thingpflicht im gebotenen Thing.

1. Das **echte** Thing tagt unter Vorsitz des Grafen.

a) **Zuständigkeit**: Kapitalverbrechen, Immobiliarklagen, Freiheitsprozesse;

b) **feste** Thingstatt und -zeit; es dauert jedesmal drei Tage.

2. Das **gebotene** Thing tagt unter Vorsitz des Schultheißen.

a) **Zuständigkeit**: geringere Sachen, Zivilprozesse wegen beweglicher Sachen;

b) es wird **nach Bedarf** berufen, nach Erledigung seiner Aufgaben aufgelöst.

II. Die karolingische Gerichtsverfassung ist für ganz Deutschland bis zum **Ende des Mittelalters** maßgebend geblieben; jedoch haben partikulare Einrichtungen und Ausnahmen bestanden.

1. Bei den **Sachsen** bleibt die Gerichtsgemeinde auch in den gebotenen Things erhalten; die Schöffenverfassung ist in Sachsen nicht rezipiert worden. Der sächsische Schultheiss (holsteinisch: overbode) hat die Stellung eines **Beisitzers** des Grafen im echten (ungebotenen) Thing; er ist der erste Urteiler, an den der Graf die Frage richtet.

2. **Gesetzsprecheramt**: der Gesetzsprecher (eosago, êsago, êsagare, asegare) schlägt das Urteil vor: er findet sich bei den Bayern und Ala-

mannen bis zum neunten, — bei den Friesen bis zum vierzehnten Jahrhundert.

3. Die **Städte,** ursprünglich zur karolingischen Verfassung gehörig, bilden später besondere Gerichte, die zum mindesten für die Veräusserung von Grundeigentum zuständig sind. Die Stadtgerichte haben einen besonderen Schultheiss. Urteiler sind ein ständiges **Schöffenkollegium** oder eine ad hoc zu wählende Schöffenbank oder die Bürgergemeinde.

III. Die karolingische Schöffenverfassung hat sich in den **westfälischen Femgerichten** (Feme) erhalten, da in Westfalen der Stand der unabhängigen Freien am längsten bestanden hat.

1. **Oberstuhlherr** ist der Erzbischof von Köln als Herzog von Westfalen.

2. Zur **Besetzung des Freistuhls** gehören ein Freigraf und sieben Freischöffen; ein Fronbote bewirkt die Zustellungen.

a) **Richter** ist der Freigraf, er wird vom Oberstuhlherrn ernannt und belehnt; später wird das Amt erblich.

b) **Freischöffe** ist jeder unbescholtene Freie; die Aufnahme erfolgt feierlich. Strenge Geheimhaltung der Verhandlung und der Namen des Richters und der Schöffen ist vorgeschrieben. Die **Wissenden** erkennen sich an der Losung SSGG (Stock, Stein, Gras, Grein). — Notruf: Reinir dor Ferweri. — Schöffengruss: Ich grüss' Euch, lieber Mann. Was fanget Ihr hier an? Antwort: Alles Glück kehre ein, wo die treuen Schöffen sein.

3. Ursprünglich hatte die Feme nur die **Blutgerichtsbarkeit** im Sprengel; später ist sie unbeschränkt zuständig bei Rechtsverweigerung in Kapitalsachen. — Ihre Jurisdiktion erstreckt sich **nicht** auf den Kaiser, den Oberstuhlherrn, Geistliche und Juden. — Seit dem sechzehnten Jahrhundert ist die Feme nur noch für Feldpolizeisachen zuständig; 1808 ist sie von Jerome **beseitigt** worden.

§ 34. Der Rechtsgang nach Volks- und Amtsrecht. — I. Im **Zivilprozesse nach Volksrecht** ist die Form entscheidend. Das Urteil ist auch hier Beweisurteil geblieben.

1. Bei der **Klage um Schuld** hat der Beklagte den Reinigungseid (er kann die Schuld abschwören). — Bei der **Klage um Gut** hat der Beklagte den Behaltungsbeweis.

2. Ausnahmsweise werden bereits **Geschäftszeugen** zugelassen. — In Freiheits- und Grundstücksprozessen werden **Urkunden** (d. h. Erkennende, Nachbarn) als Zeugen gestattet.

II. Im **Zivilprozeß nach Amtsrecht** (fränkische Kapitularien, Bd. 19 6) ändert Karl der Große das Nachbarnzeugnis in ein Beweismittel um (Zeugenaussage).

III. Der **Strafprozeß nach Volksrecht** ist akkusatorisch und formalistisch; im **amtsrechtlichen** Strafprozeß herrscht die Akkusationsmaxime.

Im fränkischen **Rügeverfahren** sind die Gemeindegenossen (Rügezeugen) zur Anzeige verpflichtet. — Von den **Normannen** ist dieses Verfahren nach England gebracht worden; dort entwickeln sich nebeneinander **zwei Jurys**:

1. Die **Rüge- oder Anklagejury**: der sheriff oder missus fragt die Gemeindegenossen (bald 12, bald 24, später stets 12) über die Tat; diese Jury entscheidet über die Anklageerhebung.

2. Die fränkische **Beweisinquisitio** (d. h. Berufung auf Nachbarnzeugnis an Stelle des Gottesurteils) wird in England als Berufung auf das Urteil von 12 Nachbarn zugelassen, und zwar:

a) bis 1219 neben den Gottesurteilen:

b) seit 1219 neben dem Zweikampf, die anderen Gottesurteile werden beseitigt;

c) seit 1819 ist auch der Zweikampf beseitigt;

d) seit 1825 brauchen die Mitglieder der Jury nicht mehr Nachbarn zu sein.

Im Anschlusse hieran entwickeln sich die **modernen Schwurgerichte.**

§ 35. Die mittelalterliche Gerichtsverfassung. — I. **Ordentliche Gerichte** sind das Grafengericht und das Zentgericht.

1. **Grafengericht** ist das höhere Landgericht (iudicium maius, das frühere echte Thing), in dem unter Königsbann (siehe Band 19 7) gerichtet wird.

a) Zuständig ist das Grafengericht **für Ungerichte.** d. h. Delikte, die an Hals, Hand und Ehre gehen, ferner für Freiheitsprozesse und alle Zivilklagen, endlich für Auflassungen, wenn es forum rei sitae ist. — Vom Niedergerichte geht der Rechtszug an das Grafengericht.

b) **Besetzung** des Grafengerichtes: **thingpflichtig** sind alle Freien der Hundertschaft; seit dem 13. Jahrhundert auch die Ministerialen (siehe Band **19** 10). — **Urteilsfinder** sind sieben Schöffen; sie sind freie Grundeigentümer (partikular auch freie Herren), die vereidigt und auf Lebenszeit ernannt werden. — **Urteilsschelte** ist ein Gegenvorschlag aus der Gerichtsgemeinde; sie ist bis zum Augenblicke der Verständigung der Richter und der Erklärung des Urteils zulässig und führt zum gerichtlichen Zweikampf. — **Zeit** des Grafengerichtes: dreimal im Jahre an der Gerichtsstätte.

2. **Zentgericht** (Gogericht, Niedergericht, iudicium minus) ist das frühere gebotene Thing, in dem unter landesherrlicher Gerichtsbarkeit gerichtet wird.

a) Das Zentgericht ist zuständig für Prozesse **um Schuld** und Fahrnis; ferner für **Frevel,** d. h. Delikte, die an Haut und Haar bestraft werden.

b) **Besetzung** des Zentgerichtes: **Vorsitzender** ist der Zentgraf, Hunne, Schultheiss (in Sachsen: Gograf), der vom Grafen oder Landesfürsten nach der Wahl der Gemeinde ernannt wird; später erfolgt Belehnung mit dem Amte. — **Thingpflicht** besteht im allgemeinen nur für die Schöffen; hingegen sind in Sachsen alle Freien (auch die Pfleghaften und Landsassen, siehe Band **19** 10) thingpflichtig. — **Zeit**: das Zentgericht findet alle sechs Wochen in der Hundertschaft statt.

3. **Hilfspersonen** der Gerichte sind der Büttel und der Schreiber.

a) Notwendige Hilfsperson ist der **Urteilsvollstrecker** (praeco, budellus, Büttel, Fronbote, Scherge, Waibel); seine Funktionen sind Ladung der Parteien, Aufrechterhaltung der Ordnung, Vollstreckung. Er ist Beamter des Königs und wird von dem Richter und den Schöffen gewählt und sodann vereidigt.

b) Private Hilfsperson ist der **Gerichtsschreiber,** ein Angestellter des Richters oder der Schöffen, dem jedoch öffentliche Bedeutung nicht zukommt. Erst seit der Moguntina (Bd. **19** 11) ist er wesentlich.

II. Gerichte in der **Markgrafschaft** sind:

1. das **Landgericht,** d. i. Gericht des Markgrafen;

2. das **Niedergericht** unter dem vom Markgrafen bestellten Unterrichter (im Norden heißt er Vogt, in Österreich Landrichter).

Die **landesherrliche Gerichtsbarkeit** geht von der Bannleihe an die Fürsten und Grafen aus.

1. **Bannleihe** ist die Übertragung des königlichen Gerichtsbannes auf den Richter. – Den reichsunmittelbaren Fürsten steht der Gerichtsbann ohne weiteres zu.

2. Die **Weitergabe** des geliehenen Bannes:

a) kann durch den **Markgrafen** ohne weiteres erfolgen;

b) seitens **Reichsunmittelbarer** bedarf noch einer unmittelbaren Beleihung des Richters durch den König. – Seit 1250 genügt die Beleihung lediglich durch den Territorialherrn;

c) durch **geistliche Fürsten** darf (wegen des defectus perfectae lenitatis, Bd. **14** 16) bezüglich des Blutbannes nicht erfolgen. – Seit Bonifaz VIII. ist diese Beschränkung interpretativ beseitigt worden.

3. In den **Territorien** bestehen nebeneinander:

a) **Königliche Landgerichte,** z. B. Nürnberg, Rottweil; sie haben einen Reichs- oder Landvogt als Richter und Reichsministeriale als Schöffen. Sie sind für Prozesse aus dem ganzen Reiche und für Verhängung der Reichsacht zuständig.

b) **Landesherrliche Gerichte** sind:

α) **Patrimonialgerichte** der Grundherren, welchen die niedere Gerichtsbarkeit übertragen ist;

β) **landesherrliche Hofgerichte** (vgl. z. B. für Brandenburg Bd. **20** 3), soweit nicht Evokation (Bd. **19** 9) an das Königsgericht erfolgt;

γ) **landesherrliche Kammergerichte,** sofern zu ihren Gunsten ein privilegium de non appellando (gegenüber dem Hof- oder dem Kammergericht des Königs) besteht; vgl. für Preussen: Band **20** 5 und 14.

c) In den **Städten** bestehen Stadtgerichte und (als höhere Instanz) Oberhöfe, z. B. Magdeburg, Frankfurt am Main, Lübeck, Iglau (besonders für Bergrecht).

III. **Besondere weltliche Gerichte** sind:

1. **Rügesachen:** die Sendboten (missi dominici, Königsboten) bereisen das Land und richten als des Königs Delegierte, aber nur im Bedürfnisfalle.

2. **Notgericht** ist ein außerordentliches Gericht bei Ergreifung des Täters auf handhafter Tat.

3. **Patrimonialgerichte:** über Unfreie richtet der Grundherr, später dessen Gutsvogt oder Meier; ferner über Minderfreie.

4. **Immunitätsgerichte** sind besondere Gerichte als Korrelat der Freiheit von Abgaben (siehe Band 19 9). Zuständig sind sie nur an Stelle des Niedergerichtes.

5. **Lehensgerichte** und Dienstmannengerichte: Urteiler ist der Lehnsherr; ist er selbst beteiligt, dann urteilt sein Stellvertreter.

6. **Märkerthinge** sind Gerichte der Markgenossen über Angelegenheiten der gemeinen Mark und über Markfrevel.

Daneben hat sich eine Zuständigkeit des **geistlichen Gerichtes** entwickelt. – Seit Chlotar II. (614) ist an Stelle des Schultheissengerichtes das **Bischofsgericht** zuständig, auch wenn ein Laie gegen einen Geistlichen klagt. Seit 787 erfolgt ein Sühneversuch vor dem Bischofe, bevor ein Prozess über Grundeigentum angestrengt wird. – Seit dem neunten Jahrhundert finden durch Privileg **Eigentumsprozesse** vor dem Bischofe statt. **Geistliche** kommen nur vor das geistliche Gericht. – Geistliche Gerichte sind ferner zuständig, sobald eine Handlung zu Religion und Kirche in Beziehung steht; also bei Verlöbnis, Ehe, Patronat, Wucher, Eid; mehr noch in Strafsachen. – **Richter** ist der Bischof oder die Synode.

IV. **Hofgericht** (Reichshofgericht) ist das Königsgericht; es ist grundsätzlich das höchste Gericht des Reiches.

Seit Anfang des 15. Jahrhunderts ist **Hofgericht** das Gericht, in dem der Hofrichter vorsitzt; dagegen heisst das Gericht, in dem der König persönlich vorsitzt, **königliches Kammergericht.**

1. **Richter** ist der König oder sein Stellvertreter.

Der König ist ausschliesslich zuständig für Streitigkeiten der Fürsten und für Verhängung der Reichsacht. — Sein Stellvertreter ist seit Pippin gewöhnlich der Pfalzgraf; seit 1235 (Friedrich II., Mainzer Landfriede) der iustitiarius curiae regis, ein ständiger Hofrichter und Beamter des Königs; er fungiert nur solange, als der König lebt.

2. Die **Urteiler** sind nicht bestimmt; gewöhnlich sind es Stammesgenossen oder Personen gleichen Standes (insbesondere bei Fürsten).

Zur Besetzung des Gerichtes gehören mindestens sieben Urteiler. — Seit dem fünfzehnten Jahrhundert fungieren **ständige** Urteiler mit Besoldung. — Die Urteiler werden nicht besonders beeidigt.

3. **Urkundsperson** ist in der fränkischen Zeit der Pfalzgraf; bei den Karolingern ein (nicht notwendiger) Gerichtsschreiber.

Später fungiert ein vereidigter **notarius curiae** (Hofgerichtsschreiber) zur Beurkundung der Verhandlungen, Führung der Urteilsbücher und der Achtregister. Auch diese Urkundsperson ist für die Besetzung des Königsgerichtes nicht erforderlich.

4. **Zuständigkeit** des Hofgerichts:

a) **ausschließlich** ist es zuständig bei Rechtsverweigerung, Berufung und Reklamation.

α) Bei **Berufung** ist das Hofgericht nicht zuständig, wenn ein privilegium de non appellando besteht; siehe Band **19** 9.

β) **Reklamation** ist die Befugnis einer Partei, den Prozess vom ordentlichen Gerichte ans Königsgericht zu bringen; dies gilt ursprünglich in Sachen königlicher Benefizien, für den Fiskus und Personen unter Königsschutz; später für Reichsunmittelbare.

b) Eine **konkurrierende** Zuständigkeit des Hofgerichtes **und der** Landesgerichte besteht bei Evokation und persönlicher Anwesenheit des Königs.

α) **Evokationsrecht** ist die Befugnis des Königs, noch nicht rechtskräftig abgeurteilte Prozesse vor sein Gericht zu ziehen; keine Evokation besteht, wenn ein **privilegium** de non evocando gewährt ist, so insbesondere den Kurfürsten durch die goldene Bulle. — Das Evokationsrecht wird 1487 **aufgehoben.**

β) Bei **persönlicher Anwesenheit** des Königs kann er über alles entscheiden, was noch nicht anhängig oder noch nicht erledigt ist.

5. **Ort und Zeit** des Hofgerichtes sind unbestimmt; es kann am Königshofe, in einer Pfalz, auf Reisen, zu Anfang des Monats, der Woche oder beliebig stattfinden.

6. **Ende** des Hofgerichtes 1450, weil Friedrich III. in seinen Erblanden blieb und nicht genügend Urteiler zur Besetzung des Gerichtes fand.

V. Das **königliche Kammergericht:** Vorsitzender ist der König oder an seiner Stelle der Hofmeister (siehe Band 19 11) oder ein Beamter, den der König zu seinem Vertreter bestellt. — **Beisitzer** sind die geschworenen Räte des Königs.

Das königliche Kammergericht (iudicium camerae nostrae) **folgt** dem Könige; seit 1450 (Friedrich III.) befindet es sich ständig in den österreichischen Erblanden. — Kammergerichtsordnung von 1471. — Friedrich III. kehrt sich nicht an die KGO. und erregt dadurch die Unzufriedenheit der Stände, die ein unabhängiges, mit Reichsunmittelbaren besetztes Gericht verlangen; daher erzwingen sie die Einsetzung des Reichskammergerichtes (1495); siehe w. u. Seite 33.

§ 36. **Das mittelalterliche Verfahren** ist formalistisch; es gilt: Ein Mann, ein Wort. **Fehler in der Rede können nicht verbessert werden**; jedes Versprechen bringt vare (Gefahr).

Vertretung im Worte (durch einen Vorsprecher, Fürsprech) ist zulässig; der Partei steht das Recht der Erholung und Wandlung zu. — Eine **Prozessvertretung** ist Mündigen nur im Falle echter Not gestattet.

I. Nach dem **Zwecke** werden unterschieden:

1. **peinliche** Klagen, welche nur auf Strafe gehen; sie werden mit Gerüfte erhoben;

2) **bürgerliche** Klagen auf Ersatz, und zwar:

a) obligatorisch: Klage um **Schuld**;

b) dinglich: Klage um **Gut** (um Fahrnis, um Liegenschaft).

Im **Gewereprozesse** muss unterschieden werden:

a) bei **freiwilligem** Gewereverlust (z. B. durch Verleihen, Vermieten, Verpachten) kann man nur gegen den Empfänger klagen. Es gilt: **Hand wahre Hand** (d. h. die Hand wahre der Hand die Treue), oder: Wo einer seinen Glauben gelassen, da muss er ihn wieder suchen, oder: Trau, schau, wem.

b) Bei **unfreiwilligem** Gewereverlust ist der Anevang und daneben die schlichte Klage gegen jeden Dritten gegeben.

3. **vermischte Klagen**; sie gehen auf Strafe und Ersatz.

Der **Anevang** (Anfangsklage, — abzuleiten von: anfassen) ist eine vermischte Klage wegen unfreiwilligen Gewereverlustes durch Diebstahl oder Raub. Der Prozess beginnt mit der Spurfolge bei handhafter Tat unter Erhebung des Gerüftes (Diebio, Raubio) und unter Mitwirkung der Nachbarn (Schreimannen).

a) Wird die Sache (z. B. der gestohlene Ochs) gefunden, so wird sie rechtsförmlich **angefasst** (rechter Fuss auf linkes Bein, — rechte Hand an linkes Horn, um die Hausmarke festzustellen).

b) Der gegenwärtige Besitzer muss sich über den Erwerb ausweisen. **Intertiatio** ist nach Brunner die Angabe des auctor; — nach Zöpfl bedeutet es, der Kläger habe sein Recht selbdritt zu beschwören; nach Schröder bedeutet es die Herausgabe der Sache an einen Sequester.

c) Sodann wird die Sache (ev. per Schub, auf einem Karren) zu dem auctor des gegenwärtigen Besitzers usw. befördert, bis der **letzte Vormann** sich nicht mehr ausweisen kann. Dann findet das **Gerüftegericht** statt.

II. Nach der **Klagegrundlage** unterscheidet man:

1. **schlichte** Klage, d. h. der Kläger gibt keinen Rechtsgrund an; — ähnlich der condictio (abstrakten Klage des römischen Rechtes).

Der Beklagte kann sich mit dem Eide entreden, d. h. den Anspruch abschwören.

2. **motivierte** Klage; — ihr gegenüber kann der Beklagte Gegentatsachen anführen.

§ 37. **Gerichte der neueren Zeit** sind in höchster Instanz das Reichskammergericht und der Reichshofrat.

I. Das **Reichskammergericht** ist als höchstes, unter dem Einflusse der Stände begründetes Gericht eingesetzt worden.

Ursache der Begründung: auf dem Reichstage zu Worms gibt Maximilian I. auf das Drängen der Stände am 7. August 1495 den ewigen Landfrieden: zur Schlichtung von Streitigkeiten soll ein **Reichskammergericht** eingesetzt werden. Am 31. Oktober 1495 wird es in Frankfurt am Main eröffnet; Maximilian I. vereidigt selbst den ersten Kammerrichter Eitelwein von Zollern und die sechzehn Beisitzer.

1. **Vorsitzender** ist der Kammerrichter (daneben fungieren Senatspräsidenten, seit 1521: 2, 1648: 4); er mußte ein geistlicher oder weltlicher Fürst sein.

Urteiler sind sechzehn (seit 1648: fünfzig); zur Hälfte sind sie Adlige, zur Hälfte Doktoren (milites Justiniani). — **Ernennung** des Richters (und der Präsidenten) erfolgt durch den Kaiser, die der Beisitzer (Urteiler) durch das Reichskammergericht auf Vorschlag des Kaisers, der Kurfürsten und der Kreise.

2. Der **Sitz** des Reichskammergerichtes befindet sich zuerst in Frankfurt am Main, später 1496 in Worms, 1503 in Regensburg, 1521 in Nürnberg, 1524 in Eßlingen, 1527 in Speier, von 1689 bis 1806 in Wetzlar.

3. **Zuständigkeit** des Reichskammergerichtes:

a) in **erster** Instanz für Landfriedensbruch, eigenmächtige Pfändung und Gefangennahme, Besitzstreitigkeiten Reichsunmittelbarer oder von Untertanen verschiedener Herren, ferner für Klagen des Reichsfiskus wegen Strafen (bei Uebertretung von Reichsgesetzen oder Geboten des Kaisers);

b) in **zweiter** Instanz für die Appellation in allen Zivilsachen gegen Entscheidungen der Landgerichte und der Austrägalinstanzen; im Falle des Bestehens eines privilegium de non appellando jedoch nur, wenn iustitia denegata vel protracta vorliegt, d. h. Verweigerung oder Vorenthaltung der gerichtlichen Entscheidung.

Summa appellabilis am Reichskammergerichte beträgt 400 Reichstaler.

Revision gegen Urteile des Kammergerichtes geht an die Visitationsdeputation; der ursprüngliche Suspensiveffekt der Revision wird später beseitigt. Die Entscheidungen der Deputation werden gesammelt als Kammergerichts-Visitationsabschiede, z. B. von 1713; ausserdem haben präjudizielle Bedeutung die conclusa pleni (Plenarentscheidungen) und die decreta communia (gemeine Bescheide).

Vollstreckung der Kammergerichtsurteile erfolgt gegen Reichsunmittelbare durch die Kreise, sonst durch die Landesherren.

Kosten des Reichskammergerichtes werden ursprünglich durch Sporteln gedeckt; seit 1548 ist ein Kammerzieler (Steuer in mehreren Zahlungszielen) eingeführt worden.

Kammergerichtsordnungen von 1495, 1521 und 1555; ferner das (1603 und 1609 als Entwurf vorgelegte) Konzept der erneuerten und verbesserten Kammergerichtsordnung.

II. Der **Reichshofrat** wurde 1497 (1501) zwecks Ausübung der persönlichen Gerichtsbarkeit des Kaisers (concilium imperiale aulicum) begründet.

Zuständigkeit des Reichshofrates:

a) konkurrierend mit dem Reichskammergerichte (seit 1648) für dessen gesamte Zuständigkeit, jedoch so, dass das zuerst angerufene Gericht entscheidet;

b) ausschliesslich ist der Reichshofrat für Reichslehnsachen, Kriminalklagen gegen Reichsunmittelbare (ausser Landfriedensbruch) und für italienische Angelegenheiten zuständig.

Reichshofratsordnung von 1559 (Entziehung der erbländischen Angelegenheiten); Ferdinand III. gibt 1654 eine neue Ordnung.

III. **Sondergerichte** des hohen Adels (Austräge) bestehen seit dem 13. Jahrhundert; die Entscheidung erfolgt durch Standesgenossen.

Durch die Kammergerichtsordnung wird das **Austrägalgericht** für Reichsstände und Reichsunmittelbare, soweit es nicht bereits bestand, angeordnet.

1. Zuständig sind die Austräge stets bei Klagen gegen Fürsten; dagegen bei solchen gegen Reichsunmittelbare nur, wenn der Kläger dem Beklagten ebenbürtig ist.

2. Die Berufung gegen die Entscheidung des Austrägalgerichtes geht an das Reichskammergericht.

IV. **Landesgerichte** bestehen in den Territorien, die seit 1648 (vgl. Band 19 9 und 16) Einzelstaaten geworden sind und daher auch die Gerichtshoheit selbständig ausüben.

1. **Untere Gerichte** sind die Patrimonialgerichte auf dem Lande; — die Stadtgerichtsbarkeit bleibt selbständig bestehen.

2. Ein **höchstes Gericht** kann in den Territorien nur auf Grund eines privilegium de non appellando eingesetzt werden.

§ 38. Der gemeinrechtliche Prozeß. — Literatur und Quellen.

1. **Glossatoren**: Placentinus, summa (Grundriss) de varietate actionum; Bassianus, arbor actionum; Odofredus, summa de libellis (Klageschriften) formandis.

2. **Kanonisches Recht** (siehe Band **14** 5), insbesondere Teil 2—4 des Corpus iuris canonici clausum (davon je der 1. und 2. Teil: iudex, iudicium); weitere Gesetze:

a) Dekretale Innozenz' III. von 1216 führt den Gerichtsschreiber als obligatorische Urkundsperson ein.

b) **Clementina Saepe** von Clemens V. 1306 führt die mündliche Verhandlung (und zugleich Vorstufe der Eventualmaxime) ein.

c) **Clementina Dispendiosam** von 1311 bezeichnet die Fälle, in denen nach der Clementina Saepe zu verfahren ist.

3. Die **Statuten** der italienischen Städte sind von grosser Bedeutung für die Entwickelung der summarischen Prozesse; hierüber besonders: Briegleb (über exekutorische Urkunden und Exekutivprozess, 1845; Einleitung in die Theorie der summarischen Prozesse, 1859), Wach (der italienische Arrestprozess 1868).

4. Tancredus, libellus ordinis iudiciarii (12. sc.). — Guilelmus Durantis (1237—1296), speculum iudiciale, Klagspiegel (besteht aus vier Büchern: 1. die Gerichtspersonen, 2. der Zivilprozess, 3. der Strafprozess, 4. de libellorum conceptione, über die Anfertigung von Schriftsätzen). — Jacobus de Theramo, lis Belial contra Christum (14. sc.); häufig nachgeahmt, so von Jacobus Ayrer (aus dessen Werke stammt die probatio diabolica, d. h. der Beweis des Eigentums beim derivativen Erwerbe).

5. Über **gemeinen Zivilprozess:** H. Bayer, Vorträge über den gemeinen ordentlichen Zivilprozess, 8. Auflage, 1858; — G. W. Wetzell, System des ordentlichen Zivilprozesses, 3. Auflage, 1878.

I. Der gemeinrechtliche Zivilprozeß, reformiert durch den jüngsten Reichsabschied von 1654 (Band **19** 15), beruht auf den nachstehenden **Maximen** (Begriff: Band 9 5):

1. **Schriftlichkeit:** quod non est in actis (in den Gerichtsakten), non est in mundo (ist für das Gericht nicht vorhanden).

2. **Heimlichkeit.**

3. **Verhandlungsmaxime:** die Parteien haben die Aufgabe, dem Gerichte die Entscheidungsgrundlage zu schaffen (Band 9 5); — das Gericht selbst nimmt den Stoff aus den Händen der Parteien, ohne ihn zu ergänzen oder zu verändern.

4. **Offizialbetrieb:** das Gericht sorgt für den Betrieb und Fortgang des Prozesses; — nur vereinzelt: Parteibetrieb.

5. **Dezäsierungsprinzip:** der Prozeß einer Instanz zerfällt in Verfahrensabschnitte, die in sich abgeschlossen sind; versäumte Handlungen lassen sich nicht nachholen.

6. **Eventualmaxime:** sämtliche Angriffs- und Verteidigungsmittel eines Prozeßabschnittes müssen gleichzeitig in omnem eventum (auf jeden Fall, d. h. auch dann, wenn man meinen sollte, daß ein einziges genügen würde) vorgebracht werden, widrigenfalls die Partei mit den nicht vorgebrachten Mitteln ausgeschlossen wird.

II. Der gemeinrechtliche Prozeß kann sein:

1. **ordentliches** Verfahren (w. u. unter III);

2. **außerordentliches** oder **summarisches** Verfahren (w. u. unter IV).

III. Der **ordentliche** gemeine Zivilprozeß hat vier Abschnitte: 1. Schriftenwechsel, 2. Beweisverfahren, 3. Urteil und Rechtsmittel, 4. Exekution.

1. Der **Schriftenwechsel** bezweckt eine Feststellung des status causae et controversiae (des Sach- und Streitstandes).

a) Die **Klageerhebung** geschieht durch Einreichung des libellus conventionis beim Gerichte; in dieser Klagschrift werden das Gericht und das Rubrum (Namen der Parteien) angegeben, sowie ferner:

α) der historische Klaggrund (fundamentum agendi remotum), Grundlage der Klage;

β) der juristische Klaggrund (fundamentum agendi proximum), Anlaß zur Klage;

γ) der Klagantrag (petitum).

Zwischenverfügungen.

1. **Decretum reiectorium:** der Richter weist eine ihm unbegründet erscheinende Klage zurück; die Zurückweisung kann erfolgen:

a) **ab actione,** wenn der Antrag durch das Vorbringen des Klägers überhaupt nicht zu begründen ist,

b) **ab instantia,** wenn das gegenwärtige Vorbringen mangelhaft erscheint, und zwar kann dies geschehen:

α) **ad purificandum,** um in der Klagschrift enthaltene Beleidigungen zu beseitigen;

β) **ad separandum,** um die zusammen vorgebrachten Ansprüche (Klagenhäufung) einzeln anzustellen;

γ) **angebrachtermassen,** wenn die Klage formell mangelhaft ist;

δ) **zurzeit** wegen pluris petitio tempore (w. o. Seite 21).

2. **Prälokut:** eine nicht schlüssig begründete Klage wird dem Kläger ad emendandum zurückgegeben.

b) Erscheint die Klage begründet, so erfolgt:

α) das **Kommunikativdekret** (citatio): der Richter läßt die Klage durch den Gerichtsdiener dem Beklagten mitteilen (Insinuation); hiermit tritt die **Kriegs- oder Streitbefestigung** ein.

β) **Vernehmlassung** ist die Erklärung des Beklagten, falls nicht confessio oder contumacia erfolgt. Inhalt der Vernehmlassung kann sein:

aa) **negative Litiskontestation:** der Beklagte bestreitet den historischen Klaggrund;

bb) **rechtliche Gegendeduktion:** der Beklagte gibt zwar den historischen Klaggrund zu, bestreitet aber den juristischen Klaggrund, d. h. das Vorhandensein oder die richtige Anwendung des Rechtssatzes;

cc) Geltendmachung von **Einreden:** der Beklagte gibt alles zu, behauptet aber, ein Gegenrecht zu haben, welches das Klagerecht aufhebt.

c) Es können darauf noch erfolgen: eine Replik des Klägers, eine Duplik des Beklagten, — ferner noch: eine Triplik des Klägers, eine Quadruplik des Beklagten.

d) Nunmehr erfolgt der **Aktenschluß**, d. h. eine Verfügung, daß der Schriftwechsel aufhört. Sodann ergeht die Entscheidung, und zwar:

α) ein **Endurteil,** das sachlich den Rechtsstreit erledigt oder, wenn eine prozeßhindernde Einrede (z. B. exceptio spolii) erhoben ist, den Kläger ab instantia abweist;

β) ein **Beweisurteil,** d. i. ein bedingtes Interlokut, in dem die Sache selbst, für beide Fälle (des Gelingens oder des Mißlingens der zu erhebenden Beweise), entschieden wird.

Inhalt des Beweisurteils:

aa) thema probandum: es enthält die Beweissätze;

bb) onus probandi: es verteilt die Beweislast;

cc) dilatio probatoria: es regelt die Beweisfrist.

2. Das **Beweisverfahren** beginnt nach Rechtskraft des Beweisurteils; es hat drei Abschnitte:

a) **Beweisantretungsverfahren:** der Produzent (Beweisführer) bezeichnet die Beweismittel, mit denen er seiner Beweispflicht genügen will; hiergegen kann der Produkt (Beweisgegner) Beweiseinreden vorbringen; über solche Streitpunkte wird durch Produktionsbescheid entschieden.

b) **Produktionsverfahren:** die Beweise werden erhoben; Beweismittel sind Zeugen, Sachverständige, Augenschein, Urkunden, Eid.

c) **Schlußverfahren:** nach einer umfangreichen Beweisaufnahme kann noch eine besondere Verhandlung über das Ergebnis der Beweisaufnahme stattfinden:

α) Salvationsschrift enthält eine Ausführung des Produzenten, wonach ihm die Beweisführung geglückt ist;

β) in der Impugnationsschrift legt der Produkt das Gegenteil dar.

3. Das **Urteil** ist ein Dezisivdekret, weil es nach kontradiktorischer Verhandlung erlassen ist; gegen das Urteil gibt es:

a) **ordentliche Rechtsmittel:**

α) Die **Appellation** wird binnen 10 Tagen beim iudex a quo eingelegt. In der Regel wird vom höheren Gerichte nur nachgeprüft, ob der erste Richter den vorliegenden Tatbestand richtig entschieden hat; ein neues Vorbringen ist nur ausnahmsweise statthaft.

β) Die **Revision** gegen inappellable Urteile, daher ohne Devolutiveffekt (also nicht an ein höheres Gericht), bezweckt eine nochmalige Nachprüfung durch denselben Richter; sie wird binnen 10 Tagen eingelegt und hat Suspensiveffekt.

aa) Insbesondere: Revision gegen Reichskammergerichtsurteile an die Visitationskommission bei einer summa revisibilis von 2000 Reichstalern.

bb) Aktenversendung ist für Revisionen seitens der Schöffengerichte an die Oberhöfe üblich gewesen; durch I R A soll sie an die Juristenfakultäten (Spruchkollegien) erfolgen.

γ) **Nichtigkeitsbeschwerde** (Nullitätsquerell) ist bei Formfehlern oder Verstössen contra ius clarum in thesi zugelassen.

b) **außerordentliche Rechtsmittel:** Beschwerde und restitutio in integrum.

4. Die **Zwangsvollstreckung** findet wegen Geldforderungen und zur Erwirkung von Handlungen statt.

1. Die Zwangsvollstreckung erfolgt in einzelne Vermögensstücke.

Eine **Zwangssicherung** (Arrest) kann als vorläufige Massregel erfolgen („mit Kummer schlagen“).

2. Der **Konkurs** ist Zwangsvollstreckung in das gesamte Vermögen.

Das gemeine Konkursrecht beruhte auf der Verbindung des Systemes der **Selbsthülfe** (des römischen, langobardischen, italienischen, französischen Rechtes) mit dem **publizistischen** (auf staatliche Mitwirkung gestützten) Systeme, bei dem alle Tätigkeit durch das Gericht geschieht; — insbesondere dargelegt in dem labyrinthus creditorum des Spaniers Salgado de Samoza († 1664).

Die **Abschnitte** des gemeinen Konkursverfahrens sind:

a) das **präparatorische** Verfahren zur Feststellung des Vorhandenseins der Konkursvoraussetzungen;

b) das **Liquidationsverfahren** zur Feststellung der angemeldeten Forderungen; ev. kann der Rang der Gläubiger in einem besonderen Prioritätsverfahren durch Lokationsurteil bestimmt werden.

c) Der **Distributionsbescheid** bestimmt, wieviel jeder Gläubiger erhält.

IV. **Außerordentliche** oder **summarische Prozesse** sind diejenigen gemeinrechtlichen Verfahrensarten, die vom ordentlichen Prozesse abweichen, indem sie gegenüber dem ordentlichen Prozesse beschleunigt sind.

1. Der **unbestimmt reguläre** summarische Prozeß ist ein beschleunigter ordentlicher Prozeß (also nach Briegleb: kein eigentlicher summarischer Prozeß), der durch Verkürzung der Fristen und Verringerung des Schriftwechsels rascher vor sich geht.

a) Beim **possessorium ordinarium** siegt ursprünglich, wer seinen gegenwärtigen Besitz wahrscheinlich macht; später muss er jedoch sein Recht zum Besitze beweisen; daher wird eingeführt:

b) das **summariissimum**: hier siegt, wer die jüngste ruhige Besitzhandlung nachweist. Vgl. Band **18** 27.

c) **provocatio ex lege Diffamari**: der Diffamat kann vom Diffamanten, der sich rühmt, gegen den Diffamaten einen Anspruch zu haben, Klage oder ewiges Stillschweigen verlangen.

d) **provocatio ex lege Si contendat**: der Provokant, der eine Einrede gegen den Anspruch des Provokaten hat, kann verlangen, dass dieser gegen ihn klage, widrigenfalls der Provokat die Einrede stets gegen sich gelten lassen muss.

Die beiden Provokationen sind Vorläufer der heutigen Feststellungsklage.

2. Die **bestimmt irregulären** summarischen Prozesse haben einen anderen Prozeßstoff als das ordentliche Verfahren; sie weichen in bestimmten Beziehungen von den Regeln des ordentlichen Verfahrens ab.

a) **Exekutivischer Prozeß** beginnt mit dem Beweise; der Kläger stützt sich auf Urkunden (documenta guarentigiata, Konfessatbriefe);

b) **Mandatsprozeß** beginnt mit dem Urteile (Zahlungsgebot, praeceptum executivum); man unterscheidet **zwei Arten**: den bedingten (welchem das heutige Mahnverfahren nachgebildet ist) und den unbedingten (heute: einstweilige Verfügung).

c) **Arrestprozeß** beginnt mit der Vollstreckung.

V. Carolina siehe w. u. Seite 57.

Zweite Abteilung.

Das deutsche Gerichtsverfassungsrecht.

§ 39. Das Gerichtsverfassungsgesetz regelt die Organisation der ordentlichen Gerichte bei Ausübung der ordentlichen streitigen Gerichtsbarkeit.

I. Es ist also nicht anwendbar (daher Zuständigkeit der **einzelstaatlichen** Justizhoheit):

1. in Angelegenheiten der nichtstreitigen Gerichtsbarkeit,

2. in allen Sachen, welche vor besondere Gerichte gehören.

II. Die ordentliche streitige Gerichtsbarkeit umfaßt Zivil- und Strafsachen.

III. **Quellen** des Gerichtsverfassungsrechtes.

1. Das **Reich** ist gemäss R 4, Nr. 13 für die Gesetzgebung auf diesem Gebiete zuständig.

2. **Gerichtsverfassungsgesetz** (abgekürzt: G) vom 27. Januar 1877, in Kraft vom 1. Oktober 1879; — Einf-G vom 27. Januar 1877. — Abänderungen:

a) G. betr. Änderungen des G und der C vom 17. Mai 1898, in Kraft vom 1. Januar 1900;

b) G. vom 5. Juni 1905: Abänderung der Zuständigkeit der **Schöffengerichte** und Strafkammern, G 27, 28, 75.

c) G. vom 1. Juni 1909, in Kraft vom 1. April 1910: Erweiterung der **amtsgerichtlichen** Zuständigkeit auf 600 M.

d) G. vom 22. Mai 1910, in Kraft vom 1. Juni 1910: Abänderung der Zuständigkeit des **Reichsgerichtes.**

3. Für **Preussen:** Ausführungsgesetz vom 24. April 1878. — G. betr. die Gerichtsorganistation für Berlin und Umgebung vom 16. September 1899, in Kraft vom 1. Juni 1906: Einrichtung der drei Landgerichte.

4. **Legalordnung** des G:

1. Titel: Richteramt, G 1—11;
2. Titel: Gerichtsbarkeit, G 12—21;
3. Titel: Amtsgerichte, G 22—24;
4. Titel: Schöffengerichte, G 25—57;
5. Titel: Landgerichte, G 58—78;
6. Titel: Schwurgerichte, G 79—99;
7. Titel: Kammern für Handelssachen, G 100—118;
8. Titel: Oberlandesgerichte, G 119—124;
9. Titel: Reichsgericht, G 125—141;
10. Titel: Staatsanwaltschaft, G 142—153;
11. Titel: Gerichtsschreiber, G 154;
12. Titel: Zustellungs- und Vollstreckungsbeamte, G 155—156;
13. Titel: Rechtshilfe, G 157—169;
14. Titel: Öffentlichkeit und Sitzungspolizei, G 170—185;
15. Titel: Gerichtssprache, G 186—193;
16. Titel: Beratung und Abstimmung, G 194—200;
17. Titel: Gerichtsferien, G 201—204.

§ 40. Richteramt und Gerichtsbarkeit. — I. Die Ausübung der Gerichtsbarkeit geschieht:

1. im **Reiche:** durch das Reichsgericht, die Konsuln, die Konsulargerichte und das Reichsmilitärgericht; Gerichte in den Schutzgebieten; Prisengerichte;

2. in den **Einzelstaaten:** durch einzelstaatliche Gerichte.

II. Charakter der deutschen Gerichtsbarkeit:

1. die Gerichte sind **unabhängig** (G 1).

a) **Verbot der Kabinettsjustiz:** niemand darf seinem gesetzlichen Richter entzogen werden (G 16).

α) sententia a non suo iudice lata nullam obtinet firmitatem (c 3 X 1, 4):

β) kaiserliche, den Gang der Justiz beeinflussende Reskripte sollen im Interesse der Stände nichtig sein (für das alte deutsche Reich 1555).

γ) Ein Eingreifen des Herrschers in den Gang des Verfahrens ist unstatthaft. Letzter Fall in Preussen: Müller Arnoldscher Prozess (siehe Band **20** 17): nach Auffassung von Dickel hat Friedrich der Grosse hierbei materiell richtig entschieden. — In **Frankreich** bestanden früher (18. sc.) lettres de cachet.

d) Ein Einfluss der Dienstaufsichtsbehörde auf die richterliche Tätigkeit ist nicht zugelassen.

b) Die **Aktenversendung** (siehe w. o. Seite 37) ist verboten (G 12).

c) Eine gewisse Unterordnung besteht jedoch im Einzelfalle wegen des Instanzenzuges Z 565, C 398.

2. Die Gerichte sind **Staatsgerichte** (G 15).

a) Die Anstellung der Richter erfolgt unter den gesetzlichen Voraussetzungen.

b) Präsentationen finden nicht statt.

c) Die Patrimonialgerichtsbarkeit wird aufgehoben; siehe für Preussen Band **20** 22, 25.

d) Die **geistliche** Gerichtsbarkeit besteht zwar noch, ist aber **ohne** bürgerliche Wirkung, insbesondere bei Ehe- und Verlöbnissachen (G **15**).

3. Die Gerichte sind **ständig**; Ausnahmegerichte und außerordentliche Kommissionen sind unstatthaft (G 16).

Gesetzlich erlaubte **Ausnahmen** sind:

a) Kriegsgerichte und Standrechte; siehe Band **17** 4;

b) der ersuchte und beauftragte Richter, dessen Tätigkeit in gewissen Fällen (Z 348, 361, 362; C 222) die des erkennenden ersetzen darf.

III. Die **richterliche Gewalt** wird durch unabhängige, nur dem Gesetze unterworfene Gerichte ausgeübt.

1. **Befähigung zum Richteramte** hat:

a) wer zwei Prüfungen abgelegt hat; vor der ersten Prüfung muß ein dreijähriges Studium, zwischen beiden eine dreijährige (in Preußen: vierjährige) Beschäftigung bei den Gerichten, der Staats- und Rechtsanwaltschaft stattgefunden haben;

b) jeder ordentliche öffentliche Lehrer des Rechtes an einer deutschen Universität, auch ohne daß er beide Prüfungen abgelegt hat.

Freizügigkeit der Juristen:

a) es „kann" jemand, der die erste Prüfung bestanden hat, in einem anderen deutschen Einzelstaate angestellt und zur zweiten Prüfung zugelassen werden;

b) Richter aus einem Einzelstaate können in einem anderen angestellt werden.

2. Die **Anstellung** der Richter erfolgt auf Lebenszeit; daher ist bei einem Thronwechsel ein neuer Diensteid nicht erforderlich.

a) Die Richter beziehen festes Gehalt, ev. erhalten sie bei Dienstreisen Diäten und Reisekosten; die Ansprüche hierauf sind im ordentlichen Rechtswege einklagbar.

b) **Gebühren** (d. i. Vergütung für Mühewaltung) sind ausgeschlossen.

c) Ein Nebenamt darf der Richter nur mit Genehmigung seiner vorgesetzten Dienstbehörde übernehmen.

d) Eine Präsentation zum Richteramte findet grundsätzlich nicht statt; bei der Besetzung des Reichsgerichtes hat der Bundesrat ein Vorschlagsrecht (G 127).

e) **Alter**: siehe w. u. Seite 51 und 52.

f) **Unfähig** zum Richteramte sind alle, die in der natürlichen Fähigkeit der Wahrnehmung und des Urteils behindert sind, also Geisteskranke, Taube, Blinde, Stumme.

3. Eine dauernde oder zeitweilige **Amtsenthebung** oder eine Versetzung in eine andere Stelle oder in den Ruhestand kann gegen Richter

nur durch Standesgerichte ausgesprochen werden, und zwar nur aus den Gründen und unter den Formen, welche die Gesetze bestimmen.

Jedoch ist **zulässig**:

a) eine vorläufige Amtsenthebung kraft Gesetzes,

b) eine unfreiwillige Versetzung oder Entfernung vom Amte bei einer Organisationsveränderung.

4. Eine zeitweilige Wahrnehmung richterlicher Geschäfte kann landesgesetzlich auch den noch nicht zum Richter qualifizierten Personen übertragen werden (G 10).

a) In **Preussen** (preuss. Ausf-G 2) kann **Referendaren**, die seit mindestens zwei Jahren im Vorbereitungsdienste beschäftigt sind, im Bedürfnisfalle durch die Justizverwaltung zeitweilig eine amtsrichterliche Tätigkeit übertragen werden.

b) Der Amtsrichter kann dem ihm zur Ausbildung überwiesenen Referendar die Erledigung einzelner richterlicher Geschäfte übertragen.

c) Referendare sind **nicht** befähigt:

α) zur Urteilsfällung,

β) zur Aufnahme letztwilliger Verfügungen,

γ) zur Entscheidung über Durchsuchungen, Beschlagnahmen und Verhaftungen,

δ) zu den Geschäften des Amtsrichters bei Bildung der Schöffengerichte und Schwurgerichte,

ε) zur Aufnahme von Eheverträgen.

5. **Hülfs- und Ergänzungsrichter.**

a) **Hülfsrichter** ist ein Beamter mit Richterqualität, welcher einen etatsmäßigen Richterposten auf gewisse Zeit (vertretungsweise, ohne Ernennung) verwaltet.

So werden Ersparnisse im Etat gemacht. — Assessoren können Hülfsrichter am Amts- und Landgerichte sein, am AG. sogar unbesoldete. — Amts- und Landrichter können Hülfsrichter am OLG. sein. — Am Reichsgerichte sind Hülfsrichter verboten; jedoch Ausnahme bis 1913 (zum Aufarbeiten der Reste): w. u. Seite 53.

b) **Ergänzungsrichter** sind Richter, welche im Einzelfalle (bei einer Verhandlung von längerer Dauer) auf Anordnung des Vorsitzenden zugezogen werden, damit sie der Verhandlung von Anfang an beiwohnen und im Falle der Verhinderung eines Richters für diesen eintreten, G 194.

Dasselbe gilt für Schöffen und Geschworene.

6. **Gelehrte Richter und Laienrichter.**

a) **Gelehrter Richter** ist, wer auf Grund der Befähigung zum Richteramte (siehe w. o. unter 1) als Richter angestellt ist;

b) **Laienrichter** sind die zu richtender Tätigkeit berufenen Schöffen, Geschworenen und Handelsrichter. (Nachwirkung der Thingpflicht, w. o. Seite 29).

α) Der **Schöffe** hat die volle richterliche Funktion, aber nur für die Dauer der Sitzung, an der er teilnimmt.

β) Der **Geschworene** hat nur ja oder nein auf bestimmt formulierte Fragen zu sagen, übt also nur in diesem Sinne und nur während der betreffenden Sitzung eine Richterfunktion aus; siehe Band **16** 16 und 17.

γ) Der **Handelsrichter** hat dienstlich **und** ausserdienstlich volle Richterqualität während der Dauer seines Amtes.

IV. **Justiz** und **Verwaltung** sind von einander getrennt. Nur die Justizverwaltung darf mit der Tätigkeit der ordentlichen Gerichte verbunden werden.

1. Über die **Zulässigkeit des Rechtsweges**, d. h. über die Zuständigkeit der ordentlichen Gerichte (Gegensatz: Verwaltungsweg, d. h. Zuständigkeit der Verwaltungsgerichte und -behörden), entscheiden die Gerichte, G 17.

Die **Gerichte** in G 17, Abs. 2 entscheiden nur bezüglich der Zuständigkeit innerhalb ihres Staates (RG **44** 377).

1. Ist eine **besondere Behörde** (z. B. in Preussen: Gerichtshof zur Entscheidung der Kompetenzkonflikte, V. vom 1. August 1879 und G. v. 22. Mai 1902) eingesetzt, so kann diese, wofern noch nicht rechtskräftig entschieden ist, die Entscheidung fällen. — **Kautelen**: mindestens fünf Urteiler, Stellung der Urteiler wie beim Reichsgerichte, gesetzlich geregeltes Verfahren.

2. Eine solche Landesbehörde ist **nicht** zuständig, wenn das Reichsgericht, ein Konsular- oder ein Schutzgebietsgericht (Fall Hellfeld gegen den russischen Fiskus, 1910) beteiligt ist.

2. **Kompetenzkonflikt** ist der Streit mehrerer Entscheidungsbehörden (Gericht und Gericht, — Gericht und Verwaltungsgericht) darüber, ob und welche von ihnen zur Entscheidung eines Prozesses berufen ist.

a) **Fall** des Kompetenzkonfliktes: A klagt gegen B beim LG Potsdam auf negative Feststellung; — B klagt gleichzeitig gegen A beim Bezirksausschuss Berlin auf Leistung (und zwar aus demselben Tatbestande).

b) **Positiver** Kompetenzkonflikt: beide halten sich für zuständig; — **negativer**: beide erklären sich für unzuständig.

c) Sobald ein **ordentliches Gericht** (nicht: ein Verwaltungsgericht) rechtskräftig sich durch Urteil für zuständig erklärt hat, ist dies massgebend. — Solange dies nicht zutrifft, kann in Preussen der Gerichtshof zur Entscheidung von Kompetenzkonflikten angerufen werden.

3. **Erhebung des Konflikts** (in Preußen) ist die (nach Beschluß der vorgesetzten Provinzial- oder Zentralbehörde) herbeigeführte Entscheidung des Oberverwaltungsgerichtes darüber, ob ein Beamter einer pflichtwidrigen Amtsüberschreitung oder Unterlassung sich schuldig gemacht habe (preuß. Gesetz vom 13. Februar 1854; Einf-G 11). Wird dies verneint, dann können die ordentlichen Gerichte gegen ihn nicht vorgehen; das schwebende Zivil- oder Strafverfahren wird eingestellt. Im Falle der Bejahung sind die Gerichte gleichwohl an diese Vorentscheidung nicht gebunden. — Zugunsten von Ministern erfolgt keine Konfliktserhebung.

4. **Rechtsverweigerung**: erwiesene Beschwerden über verweigerte oder gehemmte Rechtspflege (iustitia denegata vel protracta) rechtfertigen ein Einschreiten des Bundesrates (R 77).

V. **Sachliche Begrenzung** der deutschen Gerichtsbarkeit.

1. Ordentliche streitige Gerichtsbarkeit ist die Gerichtsbarkeit in allen bürgerlichen Rechtsstreitigkeiten und Strafsachen; sie wird durch die ordentlichen Gerichte, nämlich Amts- und Landgerichte, Oberlandesgerichte, das Reichsgericht und das oberste Landesgericht ausgeübt.

Nicht die gesamte ordentliche streitige Gerichtsbarkeit gehört vor die ordentlichen Gerichte; vielmehr können auch zuständig sein:

a) Verwaltungsbehörden oder Verwaltungsgerichte; Beispiele: Postgesetz §§ **34** ff., Seemannsordnung § 101; — in Strafsachen C 453, 459 (polizeiliche Strafbescheide).

b) **Besondere Gerichte**, und zwar:

α) reichsgesetzlich **bestellte**, die durch Reichsgesetze begründet worden sind;

β) reichsgesetzlich **zugelassene**, deren Einrichtung den Einzelstaaten von der Reichsgesetzgebung gestattet ist.

2. Reichsgesetzlich **bestellte** besondere Gerichte sind:

a) die Militärgerichte in Strafsachen, siehe Band 17 22.

b) die Konsulargerichte uud die Gerichte in den deutschen Schutzgebieten;

c) die Prisengerichte;

d) die Schiedsgerichte der Berufsgenossenschaften und das Reichsversicherungsamt; siehe Band 26 31—33.

3. Reichsgesetzlich **zugelassene** besondere Gerichte sind:

a) die Rheinschiffahrt- und Elbzollgerichte für Streitigkeiten über Schiffahrtsabgaben und Beschädigungen durch die Schiffahrt;

b) die Agrargerichte und Auseinandersetzungsbehörden; siehe Band 22 11—19;

c) die Gemeindegerichte (in Württemberg und Baden) bei vermögensrechtlichen Ansprüchen bis 60 M., jedoch nur für Personen, die in der Gemeinde Wohnsitz, Niederlassung oder Aufenthalt haben; gegen ihre Entscheidung ist Berufung auf den ordentlichen Rechtsweg zugelassen;

d) die Gewerbe- und Kaufmannsgerichte (siehe w. u.);

e) die Gerichte für die Landesherren und ihre Familien; in Preußen besteht der geheime Justizrat beim Kammergerichte, der in erster Instanz mit fünf, in zweiter mit sieben Mitgliedern besetzt ist. In dritter Instanz entscheidet das Reichsgericht;

f) die Austrägalgerichte, soweit sie den Standesherren bisher zustanden. In Preußen steht ein iudicium parium nur den Familienhäuptern der standesherrlichen Familien und lediglich in Strafsachen zu. Die Untersuchung führt das Oberlandesgericht; der Justizminister schlägt dann zehn Ebenbürtige vor, der Angeklagte wählt binnen 24 Stunden fünf davon. Das Urteil fällen diese fünf unter dem Vorsitze des nichtmitstimmenden Justizministers. Das Urteil ist durch den König zu bestätigen. Die Verkündung und Vollstreckung steht dem Oberlandesgerichte zu.

4. Die Angelegenheiten der freiwilligen Gerichtsbarkeit sowie die der zugelassenen besonderen Gerichte können den ordentlichen Gerichten übertragen werden; siehe Band 10 35.

VI. **Persönliche Begrenzung** der Gerichtsbarkeit.

1. Auf die Landesherren, die Mitglieder der landesherrlichen Familien, der fürstlichen Familie Hohenzollern, des vormaligen hannoverschen Königshauses, des vormaligen kurhessischen und des vormaligen herzoglich nassauischen Fürstenhauses (Welfenklausel) ist das G nur insoweit anzuwenden, als nicht Hausverfassungen oder Landesgesetze Abweichendes bestimmen. Das Gleiche gilt nach der lex Holstein vom 25. März 1904 für das herzoglich holsteinische Fürstenhaus.

2. **Exterritoriale** (siehe Band 13 12) sind von der deutschen Gerichtsbarkeit befreit; ebenso die nichtpreußischen Bundesratsmitglieder.

Konsuln sind nur bei ausdrücklicher Vertragsbestimmung von der inländischen Gerichtsbarkeit befreit.

3. **Ausländer** sind im Inlande der deutschen Gerichtsbarkeit unterworfen.

a) **Forensen** sind Ausländer, denen inländische Grundstücke gehören;

b) **landsassiatus minus plenus:** sie sind nur wegen der Grundstücke der inländischen Gerichtsbarkeit unterworfen;

c) **landsassiatus plenus:** sie sind der inländischen Gerichtsbarkeit auch sonst unterworfen.

VII. **Gewerbegerichte** (G. v. 29. Juli 1890, abgeändert durch G. v. 30. Juni 1901) erledigen gewerbliche Streitigkeiten zwischen Arbeitgebern und Arbeitern oder Betriebsbeamten (mit Lohngrenze bis 2000 M.). — In Gemeinden über 20000 Einwohnern sind Gewerbegerichte obligatorisch.

1. **Besetzung:** Vorsitzender (durch Magistrat ernannt, darf weder Arbeitgeber noch Arbeiter sein), vier gewählte Beisitzer (zur Hälfte Arbeitgeber, zur Hälfte Arbeiter).

2. **Zuständigkeit** der Gewerbegerichte:

a) **persönlich:** zwischen Arbeitgeber und Arbeiter, zwischen Arbeitern desselben Arbeitgebers, zwischen Heimarbeitern und Arbeitgebern;

b) **sachlich:** über Antritt, Fortsetzung, Auflösung des Arbeitsverhältnisses, betr. Arbeitsbuch und Zeugnis, über Leistungen aus dem Arbeitsverhältnisse, sowie Schadensersatz wegen Nichterfüllung usw.

3. Die Zuständigkeit des Gewerbegerichtes **schliesst** die Zuständigkeit des ordentlichen Gerichtes **aus.**

4. Rechtsanwälte und geschäftsmässige Prozessvertreter werden **nicht** zugelassen.

5. **Vortermin** ohne Beisitzer zulässig; erfolgt hier kein Vergleich und ist die Sache nicht spruchreif, dann neuer Termin mit Beisitzern.

6. **Verfahren** wie bei den Amtsgerichten (Band **9** 41). Berufung an das Landgericht ist nur zulässig, wenn der Wert des Streitgegenstandes **100 M. übersteigt.**

7. Das Gewerbegericht fungiert auch als Einigungsamt und als gutachtende Behörde.

VIII. **Kaufmannsgerichte** zur Entscheidung von Streitigkeiten zwischen Kaufleuten einerseits und ihren Handlungsgehilfen (oder Handlungslehrlingen) andererseits; G. v. 6. Juli 1904 (in Kraft seit dem 1. Januar 1905).

1. **Einrichtung** von Kaufmannsgerichten ist: a) fakultativ: bei vorhandenem Bedürfnisse, — b) obligatorisch: in Gemeinden mit mehr als zwanzigtausend Einwohnern; ev. erfolgt hier die Einrichtung durch die Landeszentralbehörde.

2. **Zuständigkeit** der Kaufmannsgerichte.

a) Für die Angelegenheiten der kaufmännischen Angestellten (aus der Anstellung usw.) ist das Kaufmannsgericht ausschliesslich zuständig.

b) Das Kaufmannsgericht ist Einigungsamt zwischen dem Prinzipal und seinen Angestellten.

c) Das Kaufmannsgericht hat Gutachten über kaufmännische Dienst- und Lehrverhältnisse zu erstatten.

3. Die Zuständigkeit des Kaufmannsgerichtes ist **ausgeschlossen:**

a) für Apotheken,

b) bei Handlungsgehilfen, deren Jahresverdienst fünftausend Mark übersteigt.

Ersatz des Kaufmannsgerichtes: fehlt an einem Orte ein Kaufmannsgericht, so kann der Bürgermeister eine vorläufige Entscheidung treffen.

4. Die **Zusammensetzung** des Kaufmannsgerichtes wird ortsstatutarisch geregelt; es ist besetzt mit:

a) einem Vorsitzenden (Gerichts- oder Regierungsassessor, mit Bestätigung);

b) vier Beisitzern, die zur Hälfte Kaufleute, zur Hälfte Handlungsgehilfen sind.

Aktives Wahlrecht hat, wer 25 Jahre alt, im Bezirke ansässig und nicht zur passiven Wahlberechtigung unfähig ist.

Passive Wahlberechtigung:

a) unfähig sind Frauen, Ausländer, Ehrverlustige, Entmündigte;

b) ungeeignet ist, wer noch nicht 30 Jahre alt ist, öffentliche Armenunterstützung geniesst oder noch nicht zwei Jahre im Bezirke sich befindet.

5. **Verfahren** bei den Kaufmannsgerichten:

a) ebenso wie bei den Gewerbegerichten;

b) Berufung ist nur bei Ansprüchen von mehr als **dreihundert** Mark zulässig.

§ 41. Die Amtsgerichte sind mit Einzelrichtern besetzt. Bei großem Geschäftskreise werden mehrere Amtsrichter angestellt, sie arbeiten und entscheiden aber immer einzeln. — Die Dienstaufsicht (**nicht** über Richter) übt der aufsichtsführende Amtsrichter aus; das Amtsgericht Berlin Mitte steht unter einem Amtsgerichtspräsidenten (Aufsicht **auch** über Richter). — Unbesoldete Assessoren können als Hülfsrichter fungieren.

Die **sachliche Zuständigkeit** der Amtsgerichte:

1. In Zivilsachen ist der Amtsrichter zuständig für:

a) vermögensrechtliche Streitigkeiten bis 600 M., ausgenommen bei ausschließlicher Kompetenz der Landgerichte ohne Rücksicht auf den Streitwert;

b) Miets-, Gesinde-, Arbeits-, Beförderungsstreitigkeiten, Prozesse wegen Viehmängel, Wildschaden, aus außerehelichem Beischlafe; alle diese ohne Rücksicht auf den Wert;

c) Aufgebotsverfahren;

d) Sühnetermin in Ehesachen;

e) Entmündigung;

f) Mahnverfahren ohne Rücksicht auf den Streitwert;

g) Zwangsvollstreckung;

h) Konkursverfahren;

i) Rechtshilfesachen (siehe w. u. Seite 54).

2. In **Strafsachen** ist der Amtsrichter ohne Zuziehung von Schöffen zuständig für:

a) Strafbefehle;

b) Aburteilung wegen Übertretungen unter Zustimmung der Staatsanwaltschaft, wenn der vorgeführte Beschuldigte geständig ist (C 211_2; Vorführungen mit dem grünen Wagen);

c) nicht qualifizierte Forstdiebstahlssachen;

d) Ausschuß zur Aufstellung der Listen für Schöffen und Geschworene;

e) Rechtshilfesachen;

f) ev. für eine übertragene Voruntersuchung.

3. In Angelegenheiten der **freiwilligen Gerichtsbarkeit** ist der Amtsrichter zuständig für:

a) Vollziehung, Beurkundung, Bestätigung von Rechtshandlungen;

b) Führung von Registern und Rollen (Landgüter-, Höferolle);

c) Vormundschaftswesen;

d) Nachlaßwesen;

e) Grundbuchwesen;

f) Verwahrungswesen;

g) Rechtshilfesachen;

h) das Berichtigungsverfahren in Standesamtssachen.

§ 42. **Die Schöffengerichte** sind bei den Amtsgerichten gebildete Gerichtshöfe zur Verhandlung und Entscheidung von Strafsachen.

I. **Besetzung:** die Schöffengerichte sind mit einem Amtsrichter als Vorsitzendem und zwei Schöffen besetzt; die Schöffen haben dasselbe Stimmrecht wie der Vorsitzende, sie nehmen auch an allen Entscheidungen während der Hauptverhandlung (z. B. an Beschlüssen) teil.

Das Schöffenamt ist ein **Ehrenamt,** das nur von einem Deutschen versehen werden kann.

1. **Befähigung** zum Schöffenamte:

a) **Unfähig** zum Schöffenamte sind:

α) Personen, welche die Befähigung durch Strafurteil verloren haben, oder über die ein dahinzielendes Hauptverfahren eröffnet ist;

β) Personen, die in der Verfügung über ihr Vermögen durch das Gericht beschränkt sind, z. B. infolge von Entmündigung oder Konkurs;

γ) Minderjährige;

δ) Frauen.

b) **Ungeeignet** zum Schöffenamte sind:

α) Minister, Senatoren der Hansastädte, Reichs- und Staatsbeamte, die einstweilig in Ruhestand versetzt werden können, richterliche Beamte und Beamte der Staatsanwaltschaft,

β) Vollstreckungsbeamte, Religionsdiener, Volksschullehrer und aktive Militärpersonen,

γ) Personen, die (bzw. deren Familie) in den letzten drei Jahren Armenunterstützung aus öffentlichen Mitteln erhalten haben, geistig oder körperlich Gebrechliche und Dienstboten,

δ) Personen, die bei Aufstellung der Urliste noch nicht dreissig Jahre alt oder noch nicht zwei Jahre in der Gemeinde wohnhaft sind.

c) Ein **Ablehnungsrecht** haben:

α) Mitglieder gesetzgebender Versammlungen,

β) Personen, die im letzten Jahre einmal Geschworene oder fünfmal Schöffen gewesen sind,

γ) Ärzte,

δ) Apotheker ohne Gehilfen,

ε) Personen, die im Geschäftsjahre 65 Jahre alt werden,

ζ) Personen, die den Aufwand, der mit der Ausübung des Amtes verbunden ist, nicht tragen können, z. B. in ihrem Erwerbe schwer geschädigt werden würden (Reisende), oder einen schwarzen Rock nicht haben.

Geltendmachung des Ablehnungsrechtes hat binnen einer Woche zu geschehen; der Amtsrichter entscheidet nach Anhörung der Staatsanwaltschaft.

2. Die **Schöffenlisten.**

a) Die **Urliste** ist ein vom Gemeindevorstande aufgestelltes Verzeichnis der zum Schöffenamte befähigten Personen; die Urliste liegt eine Woche aus, gegen ihre Richtigkeit können Einsprachen erhoben werden.

b) Berichtigte Urlisten:

α) Alle Gemeindevorstände eines Amtsgerichtsbezirkes senden ihre Urlisten nebst den Einsprachen an den Amtsrichter.

β) Ausschuss: beim Amtsgerichte wird unter Vorsitz des Amtsrichters ein Ausschuss gebildet; Beisitzer sind ein höherer Verwaltungsbeamter (Landrat, Regierungsassessor) und sieben Vertrauensmänner.

γ) Berichtigung der Urliste: der Ausschuss entscheidet über die Einsprachen und berichtigt die Urlisten.

c) **Jahreslisten:** aus der berichtigten Urliste werden Jahreslisten gebildet, und zwar getrennt:

α) für Schöffen,

β) für Hilfsschöffen.

d) Die **Auslosung** für die ordentlichen Sitzungen des ganzen Jahres erfolgt in öffentlicher Sitzung des Amtsgerichtes.

3. Entschädigung: den Schöffen und Vertrauensmännern werden die Reisekosten vergütet.

4. Unentschuldigtes Ausbleiben eines Schöffen:

a) Der Schöffe wird zu einer Ordnungsstrafe von 5 bis 1000 Mark **und** zur Tragung der durch sein Ausbleiben entstandenen Kosten verurteilt.

b) Entschuldigt ein Schöffe sein Ausbleiben durch eine unwahre Tatsache, so wird er mit Gefängnis bis zu zwei Monaten bestraft (S 138).

5. **Schweigegebot:** der Schöffe ist verpflichtet, über den Hergang bei der Beratung und Abstimmung Stillschweigen zu beobachten (G 200).

II. Die **Zuständigkeit** der Schöffengerichte besteht für Übertretungen und leichtere Vergehen.

1. **Eigene** Zuständigkeit der Schöffengerichte, G 27:

a) Übertretungen (Band **15** 35).

b) **Vergehen** mit Rücksicht auf:

α) **angedrohte** Strafe bis 3 Monate Gefängnis oder bis 600 M. Geldstrafe;

β) **Privatcharakter:** Privatklagesachen (Band **16** 21) und Antragskörperverletzung; ebenso: Hausfriedensbruch, Bedrohung, strafbarer Eigennutz;

γ) Wertgrenze bis **150 M.:** Diebstahl, Unterschlagung, Betrug, Sachbeschädigung, Begünstigung, Hehlerei. — Stellt sich der Wert später als höher heraus, so bleibt das Schöffengericht gleichwohl zuständig, G 28, falls nicht aus anderen Gründen (z. B. Diebstahl mittels Einbruchs, wie sich erst in der Hauptverhandlung zeigt) die Aussetzung geboten erscheint.

2. **Übertragene** Zuständigkeit, G 75: bei gewissen Vergehen, die sonst zur Zuständigkeit der Strafkammer gehören, kann **auf Antrag** der Staatsanwaltschaft die Überweisung an das Schöffengericht erfolgen, **wenn** nicht mehr als 6 Monate Gefängnis oder bis 1500 M. Geldstrafe zu erwarten ist; — an diese Grenze ist das Schöffenurteil **nicht** gebunden. — Einzelne Fälle:

a) Widerstand, Arrestbruch, einfache Kuppelei, Antragsbeleidigung, gefährliche und qualifiziert fahrlässige Körperverletzung, Nötigung, Bestechung;

b) ohne Wertgrenze: Diebstahl, Unterschlagung, Begünstigung, Hehlerei, Betrug;

c) alle Vergehen der Jugendlichen;

d) Zuwiderhandlungen gegen die Vorschriften über Erhebung öffentlicher Abgaben und Gefälle.

§ 43. **Die Landgerichte** werden mit einem Präsidenten und der erforderlichen Zahl von Direktoren und Mitgliedern (Landrichter, auch Amtsrichter, G 58, G. v. 1. Juni 1909) besetzt.

I. Das **Präsidium** (Präsident, Direktoren und ältestes Mitglied) bestimmen die Besetzung und Geschäftszweige der einzelnen Zivil- und Strafkammern. — Die Untersuchungsrichter werden vom Minister ernannt. — Die Kammern für Handelssachen werden auf Anordnung des Ministers gebildet.

Strafkammern und Kammern für Handelssachen können **detachiert** werden (an den Sitz eines Amtsgerichtes).

Die Einrichtung der Kammern:

1. die Zivilkammern werden mit einem Direktor und zwei Landrichtern besetzt;

2. die Strafkammern werden teils mit drei, teils mit fünf Richtern besetzt;

3. die Kammern für Handelssachen werden mit einem gelehrten Richter und zwei Laien (Handelsrichtern) besetzt, G 109;

4. die Schwurgerichte werden von dem Gerichtshofe (drei gelehrten Richtern) und der Geschworenenbank (zwölf Laien) gebildet.

Der **Präsident** übernimmt den Vorsitz in einer von ihm bezeichneten Kammer. — Der ordentliche Vorsitzende (Direktor) kann durch ein Mitglied im Vorsitze vertreten werden (Revisionsgrund: wenn dies dauernd geschieht). — Besoldete Assessoren können als Hilfsrichter fungieren; unbesoldete Assessoren können an der Urteilsfällung nicht teilnehmen.

II. **Sachliche** Zuständigkeit der **Zivilkammern in erster** Instanz:

1. für alle bürgerlichen Rechtsstreitigkeiten, die nicht den Amtsgerichten zugewiesen sind;

2. ohne Rücksicht auf den **Wert und ausschließlich**:

a) für die Ansprüche gegen den Reichsfiskus wegen Flößereiabgaben,

b) für die Syndikatsklage (d. h. Ansprüche gegen Beamte wegen Überschreitung ihrer amtlichen Befugnisse oder wegen pflichtwidriger Unterlassung von Amtshandlungen) gegen Reichs- und preußische Staatsbeamte,

c) für die Ansprüche der preußischen Beamten gegen den Fiskus wegen des Gehaltes, sowie der Reichsbeamten gegen den Reichsfiskus (G. v. 31. 3. 1873),

d) für Ehesachen,

e) für die Anfechtungsklagen gegen den Entmündigungsbeschluß, gegen das Ausschlußurteil, gegen die Generalversammlungsbeschlüsse der Aktiengesellschaft,

f) für die Auflösungsklage bei der Gesellschaft mit beschränkter Haftung,

g) für Stempelsachen.

III. **Sachliche** Zuständigkeit der **Zivilkammern (einschließlich** der Kammern für Handelssachen) **in zweiter** Instanz:

1. für die Entscheidung über die Berufung gegen Amtsgerichtsurteile,

2. für die Entscheidung über die Beschwerde gegen Beschlüsse des Amtsrichters,

3. für die Entscheidung über Konkursbeschwerden und über Beschwerden in Angelegenheiten der freiwilligen Gerichtsbarkeit und der Fürsorgeerziehung.

IV. **Sachliche** Zuständigkeit der **Strafkammern** in **erster** Instanz, stets besetzt mit fünf Richtern, G 73:

1. für alle Vergehen, sofern nicht das Schöffengericht zuständig ist;

2. für die Verbrechen, die mit höchstens fünf Jahr Zuchthaus bedroht sind (ausgenommen sind gewisse politische Verbrechen, z. B. Hochverrat gegen einen Einzelstaat, welche vor das Schwurgericht gehören);

3. für das Verbrechen der Unzucht mit Kindern (S 176_3);

4. für die Verbrechen der Jugendlichen; jedoch sind Jugendliche, wenn sie zusammen mit Erwachsenen angeklagt werden, vom Schwurgerichte abzuurteilen;

5. für die Verbrechen des schweren Diebstahls, S 243, 244; der gewerbs- und gewohnheitsmäßigen Hehlerei, S 260, 261;

6. bei Diebstahl, Hehlerei, Betrug als Rückfallsverbrechen;

7. **ausschließlich**, G 74: ungenehmigte Ausgabe von Inhaberobligationen, Verkehr mit Prämieninhaberpapieren, Personenstandsdelikte, Verstoß gegen § 59 des Bankgesetzes vom 14. März 1875.

V. **Sachliche** Zuständigkeit der **Strafkammern** in zweiter Instanz:

1. mit drei Richtern besetzt: für die Berufung gegen Schöffengerichtsurteile bei Übertretungen, Forstdiebstahls- und Privatklagesachen;

2. mit fünf Richtern besetzt: für die Berufung gegen Schöffengerichtsurteile bei Vergehen.

VI. Die dreigliedrige Strafkammer fungiert als **Beschlußkammer:**

1. um die Zuständigkeit der Amtsgerichte in Strafsachen, z. B. in Fällen von Kompetenzkonflikt oder Behinderung, zu bestimmen;

2. zur Entscheidung über Ablehnungsgesuche gegen den Amtsrichter oder den Untersuchungsrichter;

3. für die Übertragung der Voruntersuchung an ein Amtsgericht;

4. als Beschlußinstanz in einer Voruntersuchung;

5. zur Beschlußfassung über die Eröffnung des Hauptverfahrens vor allen Gerichten außer dem Reichsgerichte;

6. für Beschwerden gegen den Amtsrichter, das Schöffengericht, den Untersuchungsrichter.

§ 44. **Die Schwurgerichte** bestehen aus Gerichtshof und Geschworenenbank. — Über Entstehung siehe w. o. Seite 28.

I. Der **Gerichtshof** besteht aus drei Mitgliedern.

Der **Vorsitzende** wird für die Sitzungsperiode vom Oberlandesgerichtspräsidenten, sein Stellvertreter und die zwei Beisitzer werden vom Landgerichtspräsidenten bestimmt.

Der Gerichtshof hat sämtliche, im Schwurgerichtsverfahren vorkommenden Entscheidungen zu fällen; die Beantwortung der Schuldfrage ist ihm **entzogen** (Band **16** 17).

II. Die **Geschworenenbank** besteht aus zwölf Geschworenen; sie ist zur Entscheidung der Schuldfrage berufen.

1. **Geschworenenlisten:**

a) Urliste: aus der unberichtigten Urliste werden vom Ausschusse des Amtsgerichtes (w. o. Seite 47) Geschworene vorgeschlagen.

b) Die Vorschlagslisten nebst Einsprachen werden von den Amtsrichtern dem Landgerichte übersandt.

c) Jahreslisten: in einer Sitzung des Landgerichtes (Präsident und vier Beisitzer) wird über die Einsprachen entschieden; sodann werden Jahreslisten für Hauptgeschworene und Jahreslisten für Hilfsgeschworene gesondert aufgestellt.

d) Spruchliste: in einer dreigliedrigen Sitzung des Landgerichtes werden dreissig Hauptgeschworene ausgelost; diese Spruchliste wird dem Vorsitzenden des Schwurgerichtes übersandt.

Über die Auslosung der Geschworenenbank siehe Band **16** 16.

2. Das Geschworenenamt ist ein Ehrenamt; nur Deutsche können dazu berufen werden.

Inkompatibilität: niemand soll für dasselbe Geschäftsjahr als Geschworener und als Schöffe bestimmt werden; ev. behält er das ihm zuerst übertragene Amt.

III. **Sachliche** Zuständigkeit der Schwurgerichte (stets nur erste Instanz):

1. **alle Verbrechen**, soweit nicht das Reichsgericht oder die Strafkammern zuständig sind; insbesondere entscheiden sie über Hoch- und Landesverrat gegen einen Einzelstaat.

2. **Landesrechtlich** können Preßvergehen von den Schwurgerichten entschieden werden; so in Bayern, Württemberg, Baden und Oldenburg (Einf-G 6).

§ 45. **Die Kammern für Handelssachen** sind mit einem Landrichter und zwei Handelsrichtern besetzt.

Die Handelsrichter sollen ihre kaufmännischen Kenntnisse und Erfahrungen für die Entscheidung verwerten.

In Streitigkeiten, die sich auf das Rechtsverhältnis zwischen **Reeder** oder Schiffer und **Schiffsmannschaft** beziehen, kann die Entscheidung durch den Vorsitzenden allein erfolgen; siehe Band **7** 22.

Handelskammer ist die korporative Vertretung der Kaufleute; siehe Band **12** 28.

I. **Zuständigkeit** der Kammern für Handelssachen:

1. Die allgemeine Kompetenzabgrenzung zwischen Amtsgericht und Landgericht, z. B. die Wertgrenze von 600 M., wird nicht berührt; also eine Wechselsache über 200 M. würde (abgesehen von Prorogation) vor das Amtsgericht gehören. — Insbesondere sind sie auch für die Entscheidung über **Berufung** und Beschwerde in amtsgerichtlichen Handelssachen zuständig, G 71, 100 a.

2. Begründung der Zuständigkeit der Kammern für Handelssachen:

a) **formelle** Voraussetzungen: entweder der **Kläger** beantragt in der Klageschrift, daß die Entscheidung vor der Kammer für Handelssachen stattfinden solle; — oder der **Beklagte** beantragt, daß eine vor der Zivilkammer erhobene Klage vor die Kammer für Handelssachen verwiesen werde;

b) **materielle** Voraussetzung: Gegenstand der Rechtsstreitigkeit muß sein:

α) ein Anspruch aus beiderseitigen Handelsgeschäften gegen einen Kaufmann, siehe Band 6 49;

β) ein Anspruch aus Wechseln und anderen kaufmännischen Urkunden, siehe Band 7 4;

γ) Ansprüche aus Handelsgesellschaften, Firmenrecht, Musterschutz, siehe Band 6 23 und Bd. 28 18;

δ) Ansprüche des Seerechtes und der Binnenschiffahrt, siehe Band 7 18 und 29.

Wenn die unter b genannten besonderen materiellen Voraussetzungen nicht vorliegen, kann die Klage bei der Kammer für Handelssachen **bleiben,** wenn nicht der Beklagte ihre Verweisung vor die Zivilkammer beantragt, oder wenn nicht dies von Amts wegen geschieht.

II. **Befähigt** zum Handelsrichter ist, wer als Kaufmann oder Vorstand einer Aktiengesellschaft oder G. m. b. H. in das Handelsregister eingetragen oder eingetragen gewesen ist, im Bezirk wohnt und nicht entmündigt ist oder im Konkurse sich befindet; an Seeplätzen kann ein Schiffahrtskundiger bestellt werden. — Mindestalter: 30 Jahr.

Die **Ernennung** erfolgt auf gutachtlichen Vorschlag der Handelskammer für die Dauer von drei Jahren, eine Wiederernennung ist statthaft. — Das Amt des Handelsrichters ist ein Ehrenamt, das nur von einem Deutschen bekleidet werden kann.

Während der Dauer des Amtes haben die Handelsrichter **alle** Rechte und Pflichten richterlicher Beamten, z. B. kann der Handelsrichter als beauftragter Richter Zeugen vernehmen und beeidigen. Ihre Enthebung vom Amte erfolgt durch den ersten Zivilsenat des Oberlandesgerichtes, wenn eine Voraussetzung der Bestellung wegfällt, G 117.

§ 46. Die Oberlandesgerichte werden mit einem Präsidenten, Senatspräsidenten und Oberlandesgerichtsräten besetzt. — Das Oberlandesgericht in Berlin heißt Kammergericht.

I. Die Geschäfte werden in Zivilsenaten und Strafsenaten erledigt; jeder Senat hat **fünf** Mitglieder.

Die Geschäfte verteilt das **Präsidium**, bestehend aus dem Präsidenten, den Senatspräsidenten und den beiden ältesten Räten.

Hilfsrichter dürfen nur ständig angestellte Richter sein, also Amtsrichter oder Landrichter.

II. **Sachliche Zuständigkeit** der Oberlandesgerichte:

1. für die Entscheidung über die Berufung gegen erstinstanzliche Zivilurteile der Landgerichte;

2. für die Entscheidung von Beschwerden gegen Beschlüsse der Landgerichte in Zivilsachen, Strafsachen und Angelegenheiten der freiwilligen Gerichtsbarkeit; ferner für Fideikommißsachen;

3. für die Entscheidung über die Revision gegen Strafkammerberufungsurteile;

4. als **erste** Instanz in Disziplinarsachen der richterlichen Beamten (siebengliedriger Disziplinarsenat, Hilfsrichter sind verboten);

5. als Disziplinarinstanz für mittlere und untere Gerichtsbeamte in der Besetzung mit fünf Mitgliedern;

6. für Beschwerden gegen Ordnungsstrafen der Amtsgerichte oder der Landgerichte, G 183;

7. in Strafsachen der Standesherren, siehe w. o. Seite 43.

III. Das Kammergericht hat (außer der zu II bezeichneten Zuständigkeit) eine besondere Kompetenz:

1. für die Entscheidung der Revision gegen Strafkammerurteile erster und zweiter Instanz in Landesstrafsachen (erster Strafsenat des Kammergerichtes);

2. in Stempelsachen;

3. in Angelegenheiten der freiwilligen Gerichtsbarkeit als höchste Landesinstanz, namentlich bei weiterer Beschwerde und in Grundbuchsachen (preuß F 7, 8);

4. als großer Disziplinarsenat, mit fünfzehn Richtern besetzt, über Disziplinarsachen der Präsidenten und Senatspräsidenten und über Berufungen und Beschwerden gegen Entscheidungen der Disziplinarsenate.

IV. Das **oberste Landesgericht** in München ist zuständig:

1. für die Entscheidung von Revisionen in **landesrechtlichen** Zivilsachen (Einf-G 8);

2. für die Entscheidung der oberlandesgerichtlichen Revisionen und Beschwerden in Landesstrafsachen, Einf-G 9;

3. bei weiteren Beschwerden in Angelegenheiten der freiwilligen Gerichtsbarkeit (F 199).

§ 47. Das Reichsgericht in Leipzig ist mit einem Präsidenten, Senatspräsidenten und Räten besetzt. — Mindestalter: 35 Jahr.

1. Die Geschäfte werden in Zivilsenaten und Strafsenaten, stets siebengliedrig, erledigt.

a) Die Geschäftsverteilung erfolgt durch das Präsidium, bestehend aus dem Präsidenten, den Senatspräsidenten und den vier ältesten Räten.

b) Hilfsrichter sind verboten, G 134. — Ausnahme bis 1913: Art. XII d. G. v. 22. 5. 1910.

c) In Strafsachen erster und letzter Instanz führt der erste Strafsenat die Untersuchung, die Entscheidung fällt der vereinigte zweite und dritte Strafsenat, G 139.

2. **Sachliche Zuständigkeit** des Reichsgerichtes:

a) in **Zivilsachen** bei Revisionen gegen Endurteile der Oberlandesgerichte; G 135. — Beschwerden an das Reichsgericht sind nicht mehr zulässig.

b) in **Strafsachen:**

α) bei Revisionen gegen Schwurgerichtsurteile und gegen erstinstanzliche Strafkammerurteile;

β) bei Revisionen gegen Strafkammerberufungsurteile in Sachen von Reichsabgabenhinterziehung, wenn der Staatsanwalt es beantragt;

γ) bei Hoch- und Landesverrat gegen Kaiser und Reich, als erste und letzte Instanz;

c) in Angelegenheiten der **freiwilligen Gerichtsbarkeit** (F 28) zur Entscheidung über die weitere Beschwerde, wenn das Oberlandesgericht von der Auslegung einer reichsgesetzlichen Vorschrift (durch ein anderes Oberlandesgericht oder durch das Reichsgericht) abweichen will.

Zur **Wahrung der Rechtseinheit** ist bestimmt:

a) will in einer Rechtsfrage ein Zivilsenat von einem anderen oder den vereinigten Zivilsenaten, oder ein Strafsenat von einem anderen oder den vereinigten Strafsenaten abweichen, so ist eine Entscheidung der **vereinigten** Zivilsenate bzw. Strafsenate einzuholen;

b) will ein Zivilsenat von einem Strafsenat oder den vereinigten Strafsenaten, oder ein Strafsenat von einem Zivilsenate oder den vereinigten Zivilsenaten, oder endlich ein Senat von einer früheren Plenarentscheidung abweichen, so ist eine Entscheidung des **Plenum** einzuholen.

Die Entscheidung der Rechtsfrage durch die vereinigten Senate oder das Plenum ist in der zu entscheidenden Sache **bindend.**

§ 48. Die Staatsanwaltschaft ist Gehilfe des Richters; sie legt das Delikt hauptsächlich nach der Schuldseite dar, hat aber auch gleichmäßig die Unschuld darzutun (die objektivste Behörde).

1. **Kompetenz** der Staatsanwaltschaft:

a) Strafverfolgung: Erhebung der Anklage, Sammlung der Beweise für und gegen die Schuld, Ladungen (Prozeßbetrieb), Antragstellung, Vertretung der Anklage (Plaidoyer), Rechtsmittelbetrieb für und gegen den Abgeurteilten;

b) Strafvollstreckung;

c) Auftreten als Partei oder neben den Parteien in Ehesachen (defensor matrimonii) und Entmündigungssachen;

d) Teilnahme an der Justizverwaltung.

2. **Organisation** der Staatsanwaltschaft:

a) am Reichsgerichte: ein Oberreichsanwalt und Reichsanwälte; sie werden vom Kaiser nach Vorschlag des Bundesrates ernannt;

b) an den Oberlandesgerichten: ein Oberstaatsanwalt und Staatsanwälte (am Kammergericht: Generalstaatsanwalt, V. v. 27. 1. 1906).

c) an den Landgerichten: ein Erster Staatsanwalt und Staatsanwälte. — LG I Berlin: Oberstaatsanwalt.

d) bei den Amtsgerichten: ein Staatsanwalt oder Amtsanwalt;

e) als Hilfsarbeiter können unbesoldete Assessoren verwendet werden.

3. Die **Verfassung** der Staatsanwaltschaft ist hierarchisch, nicht kollegialisch; die Entscheidung ruht in der Hand des ersten Beamten; seinen Anordnungen ist unbedingt Folge zu leisten.

a) Der Vorgesetzte kann jederzeit bei allen Gerichten seines Bezirkes den Dienst wahrnehmen (Devolutionsprinzip);

b) der Vorgesetzte kann andere als die zunächst zuständigen Beamten mit der Wahrnehmung des Dienstes beauftragen (Substitutionsprinzip).

§ 49. Der Gerichtsschreiber: bei jedem Gerichte besteht eine Gerichtsschreiberei unter einem Ersten Gerichtsschreiber (Obersekretär).

1. **Befähigung** der Gerichtsschreiber ist landesrechtlich geregelt.

a) Wer das Einjährige hat, kann vom Oberlandesgerichtspräsidenten als Justizanwärter angenommen werden; nach drei Jahren ist am Oberlandesgerichte die Gerichtsschreiberprüfung abzulegen. Der Geprüfte wird als Aktuar gegen Diäten beschäftigt; später erfolgt die Anstellung als Gerichtsschreiber (Sekretär);

b) wer Militäranwärter ist, wird nach einer Prüfung Diätar und später als Assistent angestellt.

2. Die Tätigkeit der Gerichtsschreiber umfaßt namentlich:

a) Registratur (nur von den aus den Justizanwärtern hervorgegangenen Gerichtsschreibern wahrzunehmen): Unterbringung der Eingänge, Kontrolle und Vorlegen der Akten;

b) Expedition: Anlegen von Akten, Notieren von Fristen, Kostenrechnungen, Anfertigung gewisser Schreiben, Aufträge an die Kanzlei und Abnahme der Kanzleisachen. — Neu: Kostenfestsetzung, Mahnverfahren; —

c) Protokollführung, Rechtskraftzeugnis, Vollstreckungsklausel, Zustellungen, Führung von öffentlichen Registern und Büchern.

d) Kalkulation.

§ 50. Zustellungs- und Vollstreckungsbeamte (Gerichtsvollzieher).

1. In Preußen sind sie seit dem 1. Oktober 1900 für den Amtsgerichtsbezirk oder kleinere Bezirke zuständig; sie sind gegen Gehalt angestellte Beamte und unterstehen der Aufsicht des Amtsrichters.

2. **Tätigkeit:** Zustellungen, Vollstreckungen, Wechselproteste.

§ 51. Die Rechtshilfe. — 1. Alle deutschen Gerichte sind verpflichtet, einander in Zivil- und Strafsachen Rechtshilfe zu leisten:

a) wenn das ersuchte Gericht örtlich zuständig ist und die vorzunehmende Handlung nach dem Rechte des ersuchten Gerichtes nicht verboten ist;

b) wenn das im Instanzenzuge vorgesetzte Gericht darum ersucht.

2. Rechtshilfe leistet das **Amtsgericht** des **Bezirkes**, in dem die Amtshandlung vorgenommen werden soll (ersuchter Richter).

3. Über die Beschwerde wegen Ablehnung des Ersuchens oder wegen gesetzwidriger Stattgabe entscheidet das dem ersuchten Gerichte vorgesetzte Oberlandesgericht; gegen diese Entscheidung ist **Beschwerde an das Reichsgericht** zugelassen, wenn die Rechtshilfe für unzulässig erklärt wird und das ersuchende und das ersuchte Gericht in verschiedenen Oberlandesgerichtsbezirken liegen.

4. Ein Gericht darf ohne Zustimmung des zuständigen Gerichtes nur dann außerhalb seines eigenen Bezirkes tätig sein, wenn **Gefahr im Verzuge** obwaltet.

§ 52. Grundlagen des Verfahrens. — I. Öffentlichkeit. Die Verhandlung vor dem erkennenden Gerichte einschließlich der Verkündung der Urteile und Beschlüsse ist in der Regel öffentlich.

Das **Urteil** ist immer öffentlich zu verkünden; (Revisionsgrund: wenn der Bote vergisst, die Tür für das Publikum zu öffnen).

Der **Beschluss** über die Ausschliessung ist öffentlich unter Angabe des Grundes zu verkünden.

1. Der **Ausschluß** der Öffentlichkeit erfolgt:

a) notwendig: in Entmündigungssachen;

b) auf Antrag:

α) in Ehesachen,

β) für die Verhandlung über die Ausschließung der Öffentlichkeit;

c) nach Ermessen des Gerichtes:

α) bei Besorgnis einer Gefährdung der öffentlichen Ordnung, insbesondere der Staatssicherheit,

β) bei Besorgnis einer Gefährdung der Sittlichkeit.

2. **Wirkung** der Ausschließung:

a) Abwesenheit des Publikums; allerdings kann das Gericht einzelnen Personen den Zutritt gestatten; den Aufsichtsbeamten der Justizverwaltung darf der Zutritt nicht verboten werden.

b) Im Falle der Besorgnis der Gefährdung der Staatssicherheit kann silentium (Schweigegebot) angeordnet werden.

3. Der Zutritt ist sonst frei; er kann versagt werden:

a) Unerwachsenen,

b) Ehrverlustigen,

c) Personen, die in einer der Würde des Gerichtes nicht entsprechenden Weise erscheinen.

II. Die **Sitzungspolizei** wird vom Vorsitzenden oder dem amtierenden Einzelrichter wahrgenommen.

1. Gegenüber **Parteien**, Beschuldigten, Zeugen, Sachverständigen, Zuschauern ist zulässig:

a) bei **Ungehorsam**: Entfernung aus dem Sitzungszimmer, ev. Haft bis zu 24 Stunden; eine Beschwerde hiergegen ist nicht zugelassen;

b) bei **Ungebühr**: Ordnungsstrafe bis 100 M. oder bis 3 Tage Haft; es ist streitig, ob bei einer Geldordnungsstrafe eine Freiheitsstrafe substituiert werden darf.

α) Beschwerde binnen einer Woche ohne aufschiebende Wirkung; ist dagegen die Beschwerde gegen den Einzelrichter gerichtet, so wirkt sie aufschiebend;

β) keine Beschwerde, wenn die Ordnungsstrafe vom Reichsgerichte oder Oberlandesgerichte festgesetzt worden ist.

γ) Zuständigkeit für die Beschwerde: Oberlandesgericht.

2. Gegenüber dem **Rechtsanwalt** oder Verteidiger bei Ungebühr in der Sitzung:

a) Ordnungsstrafe bis 100 Mark.

b) Beschwerde (ans Oberlandesgericht) hat aufschiebende Wirkung.

3. Bei Begehung eines **Deliktes** in der Sitzung findet Feststellung des Tatbestandes, Mitteilung des Protokolls an die zuständige Behörde, ev. vorläufige Festnahme statt.

4. Gegenüber dem amtierenden **Staatsanwalt** hat der Richter keine Disziplinargewalt; er kann lediglich vertagen und um einen anderen Staatsanwalt bitten.

III. Die **Gerichtssprache** ist deutsch: sind Personen nicht der deutschen Sprache mächtig oder taub oder stumm, ohne daß man mit ihnen sich schriftlich verständigen kann, so wird, zur Vermittelung des Verkehres des Richters mit diesen Personen, ein Dolmetscher vereidigt.

IV. **Beratung und Abstimmung.**

1. Entscheiden dürfen nur die Richter in der gesetzlich bestimmten Anzahl; daher treten bei längeren Verhandlungen Ergänzungsrichter (=schöffen, =geschworene) ein, wenn sie von Anfang an der Verhandlung beigewohnt haben.

Die Beratung und Abstimmung ist **geheim**; der Vorsitzende darf nur den an demselben Gerichte zur juristischen Ausbildung beschäftigten Personen (Referendaren, Praktikanten) die Anwesenheit gestatten.

3. Der Vorsitzende leitet die Beratung und Abstimmung; die Reihenfolge bei letzterer bestimmt sich nach dem Dienstalter: Jüngster zuerst (ev. vor ihm Berichterstatter), Vorsitzender zuletzt; bei Schöffengericht und Kammer für Handelssachen geht es nach dem Lebensalter, Vorsitzender zuletzt. Geschworene: wie ausgelost, Obmann zuletzt.

4. Bei jeder Meinungsverschiedenheit wird abgestimmt; Überstimmte **müssen** weiter mitstimmen.

a) In der Regel wird **absolute** Majorität erfordert, dagegen bei der Schuldfrage **Zweidrittelmajorität.**

b) Bei mehr als zwei Meinungen über:

α) **Summen** werden die Stimmen für die höchste Summe der nächsten solange zugezählt, bis eine Majorität vorhanden ist, β) Strafsachen (Schuldfrage ausgeschlossen, denn: ja oder nein): die Stimmen für die dem Angeklagten nachteiligste Meinung werden der nächsten solange zugezählt, bis eine Majorität vorhanden ist.

5. Die Richter sind **nur dem Gesetze** unterworfen; kein Zwang bei Beratung und Abstimmung; kein Zeugniszwang über Art und Zustandekommen eines Spruches.

§ 53. Die Gerichtsferien bewirken eine Verlangsamung der Rechtspflege, da in den Ferien (15. Juli bis 15. September) Termine und Entscheidungen nur in Feriensachen stattfinden, G 202, 204.

1. **Keine Ferien** bestehen für:

a) Mahnverfahren,
b) Zwangsvollstreckungsverfahren,
c) Konkursverfahren,
d) Kostenfestsetzungssachen.

2. **Feriensachen** sind:

a) Strafsachen,
b) Arreste und einstweilige Verfügungen,
c) Meß- und Marktsachen,
d) Mietsstreitigkeiten,
e) Dienst- und Gewerbestreitigkeiten,
f) Wechselsachen und Scheckprozesse,
g) Bausachen, wenn über die Fortsetzung eines bereits angefangenen Baues gestritten wird,
h) Ansprüche aus außerehelichem Beischlaf.

3. Auf Antrag kann das Gericht (ev. vorläufig der Vorsitzende) schleunige Sachen als Feriensachen bezeichnen.

Im Verfahren vor den **Amtsgerichten** sind auf Antrag Sachen (ohne Nachweis der Notwendigkeit einer Beschleunigung) als Feriensachen zu bezeichnen; wird im Termine kontradiktorisch verhandelt, so ist der Ferienbeschluß aufzuheben, sofern die Sache nicht besonderer Beschleunigung bedarf.

4. Bei den Landgerichten werden Ferienkammern, bei den Oberlandesgerichten und dem Reichsgerichte Feriensenate gebildet.

Anhang.

§ 54. Die Carolina (constitutio criminalis Caroli) ist von Karl V. 1532 in Regensburg erlassen worden.

Vorläufer: Nürnberger Halsgerichtsordnung 1481, 1526; — Tiroler Malefizordnung (Tyroliensis) von 1499; — Radolfszeller Halsgerichtsordnung von 1506; — Laibacher Malefizordnung von 1514.

Johann **von Schwarzenberg** und Hohenlandsberg, 1463—1528, nicht Jurist, aber Vorsitzender des bischöflichen Hofgerichts in Bamberg, verfasste die Bambergensis (mater Carolinae) 1507; — die 1516 für Ansbach und Bayreuth erlassene Brandenburgica (soror Carolinae).

Vier Entwürfe: Reichstag in Worms 1521; — in Nürnberg 1522 bis 1523; — in Speyer 1529; — in Augsburg 1530. — Die definitive Annahme in Regensburg 1532 erfolgte unter der salvatorischen Klausel zugunsten der Stände (namentlich wegen des sächsischen und brandenburgischen Partikularstrafrechts).

I. Die CCC ist eine Strafprozeßordnung („Halsgerichtsordnung“ oder „Peinliche Gerichtsordnung“); sie behandelt das Strafrecht im wesentlichen nur bei den Bestimmnngen über das Urteil, Artikel 104 bis 180.

Zwingende Vorschriften fehlen; es wird auf kaiserliches (römisches) Recht und den Rat Rechtsverständiger verwiesen. — Zwingend ist nur **Artikel 104,** wonach mit peinlicher Strafe eine Tat nur dann belegt werden darf, wenn sie nach römischem Rechte unter peinliche Strafe gestellt ist.

Einzelne Tatbestände der CCC: Gotteslästerung, Artikel 106; — Meineid, Artikel 107; — Sittlichkeitsdelikte, Artikel 116—123; — Tötungsdelikte, Artikel 130—156.

II. Das **Verfahren** beruht zunächst auf Anklageprinzip und Inquisitionsprinzip; das letztere ist später alleinherrschend geworden als: **klag von der oberkeyt und ampts wegen.**

1. **Besetzung** des Gerichts: der Richter, die Schöffen, der Gerichtsschreiber.

Aktenversendung ist nach Artikel 219 (letzter Artikel der CCC) statthaft.

2. Das **Verfahren** ist im wesentlichen schriftlich.

3. Eine Verurteilung kann nur auf Grund eines direkten Tatbeweises (nicht: auf Grund eines Indizienbeweises) erfolgen. Der **Beweis** kann nur durch Kundschaft oder durch Geständnis geführt werden.

a) **Kundschaft:** zwei klassische Zeugen.

b) **Geständnis** erfolgt freiwillig oder durch Stellung der peinlichen Frage (Folter).

Die Folter ist nur beim Vorliegen **dringender** Anzeichen zugelassen.

Anzeichen (Indizien) sind Umstände, welche einen Wahrscheinlichkeitsschluss auf die Tat zulassen. Zu unterscheiden sind:

1. Indizien **vor der Tat,** zB. das Motiv (Rache, Bereicherungsabsicht); — Indizien **nach der Tat,** zB. Blutflecke, Vorhandensein von Geld.
2. Teilanzeichen; — Vollanzeichen.
3. Allgemeine und besondere Anzeichen.
4. **Gegenanzeichen,** zB. das Alibi; — **Entlastungsanzeichen,** zB. Notwehr, Artikel 143, 144.

4. Das **Urteil** wird im endlichen Rechtstage eröffnet; es darf nur auf Verurteilung oder Freispruch lauten.

FSC
www.fsc.org
MIX
Papier | Fördert gute Waldnutzung
FSC® C083411

Kolibri 360 GmbH
Ferdinand-Jühlke-Straße 7
99095 Erfurt, Deutschland
produktsicherheit@kolibri360.de